INFINITE POSSIBILITIES

世界高等教育数字化发展报告

Report on the Digital Development of Global Higher Education

世界慕课与在线教育联盟秘书处

中国教育出版传媒集团
高等教育出版社 · 北京

内容提要

本书在中国教育部高等教育司牵头和指导下，由世界慕课与在线教育联盟秘书处编著，来自全球 72 所高校及有关企业、国际组织及政府的 200 余位专家学者共同参与编写，共分为“全球在行动”“变革与挑战”“共同向未来”三部分。本书汇聚了世界各国和国际组织高等教育数字化的经验成就，凝练了全球教育数字化九大行动共识、三大变革趋势、四大变革内容，针对当前面临的挑战提出了六大倡议，创造性提出了高等教育数字化发展“转化、转型、智慧”三阶段论，创新性构建了“世界高等教育数字化发展指数”，为世界各国准确观测和把握世界高等教育数字化发展进程和态势，衡量其高等教育数字化发展水平提供了重要参考。本书是世界首份高等教育数字化战略报告，具有权威性和创新性，对于探讨世界高等教育数字化内在发展规律、考察各国发展状况、寻求未来发展策略，促进世界高等教育数字化发展具有重要的参考价值。

图书在版编目（CIP）数据

无限的可能：世界高等教育数字化发展报告 / 世界慕课与在线教育联盟秘书处编著. -- 北京：高等教育出版社，2023.11

ISBN 978-7-04-060829-8

Ⅰ. ①无… Ⅱ. ①世… Ⅲ. ①高等教育 - 数字化 - 研究报告 - 世界 Ⅳ. ① G649.1

中国国家版本馆 CIP 数据核字（2023）第 130789 号

Wuxian de Keneng
Shijie Gaodeng Jiaoyu Shuzihua Fazhan Baogao

策划编辑 张秀芹　责任编辑 徐珠君　封面设计 张 楠　版式设计 徐艳妮
责任校对 刘娟娟　责任印制 赵义民

出版发行	高等教育出版社	网　　址	http://www.hep.edu.cn
社　　址	北京市西城区德外大街 4 号		http://www.hep.com.cn
邮政编码	100120	网上订购	http://www.hepmall.com.cn
印　　刷	北京中科印刷有限公司		http://www.hepmall.com
开　　本	787mm × 1092mm 1/16		http://www.hepmall.cn
印　　张	6.25		
字　　数	110 千字	版　　次	2023 年 11 月第 1 版
购书热线	010-58581118	印　　次	2023 年 11 月第 1 次印刷
咨询电话	400-810-0598	定　　价	29.00 元

本书如有缺页、倒页、脱页等质量问题，请到所购图书销售部门联系调换

物 料 号 60829-00

序 言

近年来，联合国教科文组织高度关注教育数字化转型，并将其视为推动教育变革的关键手段之一。2022年召开的联合国教育变革峰会，着力推动数字化学习和转型，促进教育更具包容性、公平性、有效性、相关性和可持续性。2022年召开的中国共产党第二十次全国代表大会明确提出要“推进教育数字化，建设全民终身学习的学习型社会、学习型大国”。当前，中国着力“推动教育变革和创新，构建网络化、数字化、个性化、终身化的教育体系”，实施国家教育数字化战略行动，助力实现“人人皆学、处处能学、时时可学”的学习型社会，并取得了阶段性成果。

在此背景下，世界慕课与在线教育联盟秘书处总结经验、展望未来，编写并发布《无限的可能——世界高等教育数字化发展报告》。这份报告汇聚了全球专家学者对未来高等教育发展的思考，发出了各国政府、国际组织、高校、平台、企业共同推进高等教育数字化转型、共同创造世界高等教育数字化美好未来行动倡议。

报告凝聚了全球行动共识。当前，新一轮科技革命和产业变革正推动着高等教育发生重大转型，世界百年未有之大变局与世纪疫情叠加，给这一转型带来新的挑战与机遇。在这种时代大势之下，数字化已成为众多国家推进高等教育高质量、可持续发展的战略支撑和必由之路。数字化转型已成为共识。

报告从四个方面分析了共识。一是全球已经和正在采取的教育数字化行动及其发展动向；二是数字化行动所引发的教育变革和所面临的挑战；三是教育数字化发展的状况及测量这种状况的指标体系；四是教育数字化未来的愿景、目标及行动倡议。这些分析，将历史视角、理论视角、实践视角统一起来，有望对世界高等教育的数字化发展发挥积极作用。

教育是人类进步的基石，指引人类探索未知世界，解决人类面临的共同问题，促进人的全面发展，推动社会全面进步。造就更加美好的未来世界是高等教育的永恒使命。这份报告秉持这样的理念，汇聚全球观点，凝结全球智慧，形成全球共识，是推进全球高等教育共同体建设的有益尝试。“不积跬步，无以至千里；不积小流，无以成江海。”相信在高等教育界的引领之下，世界各国一定会更加紧密地开展交流合作，不惧风雨、勇毅前行，汇聚起推动构建人类命运共同体的磅礴力量。

王希勤
清华大学校长
世界慕课与在线教育联盟主席

前言

一项科技发明的生命力和影响力，能创造多少可能，取决于时代和社会的需要，以及我们主动运用的意愿和动力。

在人类发展历史上，没有哪一个领域没有发生过技术引发的系统变化。技术革命往往带来颠覆性变化，其广度、速度和深度超出我们固有的思维框架，也超乎我们原本的预想；同时，我们也在运用技术的力量为理想和追求服务。在前进的道路上，人类曾多次遭遇疫情这样共同的灾难和挑战，但没有哪一次巨大的灾难不是以历史进步为补偿，每次重大灾难的发生总会孕育新的历史机遇。

面对今天这场数字革命，我们未知的和不可预见的还很多，但有一点是肯定的，只要我们持有足够的信心、敏锐的眼光和富有远见的洞察力，采取切实的行动，给数字化应用创造足够的条件和空间，这场革命将会带给高等教育无限的可能。

顺应历史潮流，才能与时代同行。21世纪以来，人工智能、大数据、云计算等数字技术呈加速状态向经济社会各领域全面渗透融合，深刻改变了几千年来人类社会形成的生产生活方式。新一轮科技革命和产业变革带来前所未有的发展机遇，数字技术所蕴含的巨大潜力充分释放。数字化转型作为提高全要素生产率的途径、促进制造业与服务业融合发展的载体、增强全球产业分工体系稳定性的保障，正在加速经济、社会和环境的变化。数字化的知识和信息已成为关键生产要素，引发全球范围内对适应数字时代创新人才的迫切需求。

与此同时，普及水平日益提高的世界高等教育，在迎来新发展机遇的同时也面临着诸多困难和挑战，传统理念和模式受到冲击，多样化、个性化、现代化成为客观而普遍的需求。如何打破传统的高等教育模式，重塑高等教育新形态，世界各国都在思考和行动。

趋势一：数字革命加快高等教育系统性变革

高等教育与经济和社会发展是伴生关系。农业社会以手工作坊式的小规模生产为主，这一社会形态下的高等教育往往是以私塾、学院等形式进行的一对一的个别精英式教育。蒸汽机的发明引发工业革命，技术推动社会生产方式转变为以城市化和批量化为特征的大规模工业化生产。工业社会对知识的专门化要求高，劳动者要掌握专门的知识和技能，专业教育逐渐取代自由教育成为高等教育的主流，高等教育与科技发展的联系也日趋紧密。计算机和互联网的发明将人类带入了信息社会，数字时代信息传输更加高速便捷，数字经济成为世界经济和社会发展的新引擎，批判性思考、协作沟通、问题解决、人机互动等能力占据更加突出的位置，人才培养的差异化、多样性和创造性，都要求高等教育加大创新步伐。

系统性变革需要数字技术的支持。当前，数字技术在高等教育领域的应用水平和规模大幅提升。虚拟现实等技术打破物理空间的局限，形成多维交互教学场景；基于大数据的学习分析详细记录学生的学习过程，提供学习过程评价等方面支持；元宇宙相关技术创设与教学内容高度关联的虚拟情境，通过即时反馈以及高沉浸式体验，形成新型的教学情境；人工智能把教师从繁重的重复性和机械性劳动中解放出来；等等。数字技术的创新发展，加快推进高等教育转型升级，不断提升高等教育品质。

趋势二：世纪疫情挑战高等教育防范和抵御冲击的整体能力

联合国2022年教育变革峰会对当前全球教育危机展开了广泛讨论。受新冠疫情影响，2020年以来，约有1.47亿学生失去了一半以上的面对面教学机会，2021年有2.44亿儿童和青年失学，造成了有史以来对教育的最大破坏，进一步加剧了学习危机。新冠疫情对全球教育带来广泛而深刻的影响，高等教育也不例外。疫情使得原有高等教育方式暴露软肋，对全球高等教育应急治理能力和适应未来发展的教育变革力带来挑战。这些挑战包括：教师和学生的身心健康受到威胁，高等教育的可持续性受到影响，学校面临的财务压力加剧，国际高等教育交流的不确定因素增加，等等。受疫情影响，世界经济增长持续放缓，致使高校毕业生就业竞争加剧，直接影响学历教育的完成水平。所有这些，都需要高等教育寻求新的突破，以便更好地预防、应对和战胜未来可能遭遇的各种危机。

疫情危机直接推动了数字技术的有效应用，使全球远程教学取得前所未有的创新成果。新冠疫情以来大规模在线教育的实践，推动高等教育更新教育理念、变革教育实践、把握疫后教育变革趋势。2021年初，联合国教科文组织就提出要开发高质量的数字学习内容，支持教师掌握远程教学和混合式教学技能。可以预见，后疫情时代，在线教学和混合式教学、利用数字技术提高教育的重大危机应对能力将成为常态。特别是对于弱势群体和低收入国家而言，利用数字技术抵御疫情对于高等教育体系的冲击将成为重要的战略选择。

趋势三：可持续发展重塑高等教育理念、模式和实践

《2030年可持续发展议程》中提出教育可持续发展目标（SDG4），即确保包容和公平的优质教育，促进全民终身享有学习机会。世界高等教育入学人数从2000年的1亿，发展到2020年的2.35亿。保障公民享有公平和可持续的高等教育机会成为各国发展的长期战略，让全民接受高质量的高等教育成为全球的共同愿景。第二届世界高等教育大会特别强调，要建立质量保障体系，形成多种评价模式，形成一种质量文化。第三届世界高等教育大会进一步强调，需要重塑高等教育，为世界高等教育未来的可持续发展绘制蓝图。

高等教育可持续发展包括使用低碳环保的能源、保护全球气候、维护性别平等、助力形成可持续发展城市和社区等。第三届世界高等教育大会发布报告《突破极限——重塑高等教育的新路径》，对未来发展强调“包容”“创新”“协作”“可持续”，提出六大变革方向，包括公平和可持续地享有高等教育、为学生提供更全面的学习体验、推动跨学科超学科开放与交流、提供满足青年和成年人终身学习需求的途径、构建内容多样和方式灵活的综合学习体系、技术赋能高效的教育与研究。高等教育是推动人类社会可持续发展的重要力量，高等教育

变革与经济社会可持续发展具有双向支撑的关系，回应数字时代可持续发展的现实需求已成为全球高等教育发展的核心任务。

高等教育是孕育和创造新技术的重要源泉，也是新技术运用的先行者。数字技术给高等教育理念和模式带来的是一场颠覆性变革。利用现代信息技术，高等教育在育人方式、办学模式、管理体制、保障机制等方面不断创新，不断实现流程再造、结构重组和文化重构，不断改变发展动力结构，变革研究和实践范式，促进人的全面发展，在不确定的未来世界中提高个体和人类社会的适应能力。数字化转型可以利用同样的资源办更好的大学，实施更加公平的教育，为更多的学生和社会学习者提供优质高等教育资源，为实现高等教育高质量内涵式发展创造条件。

高等教育数字化可以从宏观、中观、微观三个层面进行把握。宏观层面，需要重塑高等教育全生态，服务于世界经济社会数字化发展大势；中观层面，需要创新高等教育模式，建立高等教育新范式；微观层面，需要依托数据要素，构建高等教育发展新路径，实现教育全流程的数字化改造。

联合国教科文组织把数字技术应用于教育的过程分为：起步、应用、融合、转型四个阶段，为学界、业界研判和定位高等教育数字化发展阶段提供了参照和借鉴。随着高等教育数字化的转型和深入发展，部分国家的高等教育数字化发展在成功转型的同时，正在进行更深层次的探索。为了更为精准地研判与预测世界高等教育发展整体态势，本报告将高等教育数字化发展划分为三个阶段。

一是转化阶段，数字技术融入高等教育体系之中。基础设施建设逐步完善，软件和硬件逐步磨合，各种数字技术整合应用到高等教育领域。教学突破时间和空间的限制，教学目标、内容、活动、评价、环境等核心要素在物理与网络融合的空间里进行优化和重组。围绕学习者的需求，遵循需求牵引、应用导向的原则，升级、增建教育公共服务平台，汇聚易用好用的优质资源，打造新型教育资源库。

二是转型阶段，高等教育实现自我转型与提升，高校内部各项业务流程实现再造。通过对数据的深度分析和价值挖掘，实现教育各要素、各环节的全面数字化转型。基础设施与环境建设、教学与科研、管理与服务等均以数字化的方式进行；实现物理空间和网络空间的融合，大学的教学与人才培养过程各类场景将得到数字化的构建；大学组织形式、教学形式、服务形式、治理形式等将发生深刻变化。大学通过数字技术实现治理现代化，为教与学提供全过程、智能化、个性化服务，满足学习者多元的学习需求。

三是智慧阶段，高等教育将完成再造，与社会之间的界限进一步打破。以人工智能为代表的新一轮信息技术在高等教育领域的深度应用，将促使高等教育更加以人为本，实现虚实联通，促进学习者的具身发展；促使高等教育更加精准，实现知识共享、快速创新和精细化管理，为高校数字化变革提供创新的管理和服务模式，利用优质的数据资源和可信的算法，提高决策的有效性和效率；促使高等教育更加公平，每个人都有机会获得优质的教育教学资源，高等教育的优质和公平得以兼顾；促使高等教育更加开放，取消学生入学和毕业之间的时间年限，通过模块课程学习获得的学分和学习过程数据将作为学习成果认证的基础；促使高等教育更加个性化，根据学习者多元的学习需求，灵活调整教育资源配置，构建智慧学习空间。智慧阶段将实现高等教育理念、教学模式、教育治理的整体性变革，全面赋能学习者发展，形成教育全新生态。

可以预见，通过加快高等教育数字化转型、促进信息技术与高等教育的深度融合，将从“物”的层面和“人”的层面协同推进，打造更加公平、更有质量、更加美好的高等教育未来，促进人的全面发展。

变革一：树立更加以人为本的教育理念。新形态下的高等教育顺应信息化社会的人才培养需求，注重以人为本、开放多元、全面发展。把智能技术的思维融入教与学、管理与服务等过程，兼顾群体的需求和个体的差异化特征，提供大规模的个性化教育供给，支撑高等教育高位均衡，促进人的全面、自由、个性化发展。

变革二：建构更为智慧化的教育流程。在数字技术支持下，通过对数据的深度分析和价值挖掘，各流程将实现再造。高校教学与科研将以智慧化的方式进行，教学与人才培养过程各类场景的构建将得到提升。数字技术赋能教与学的全过程，为整个教育流程提供更为智能化且个性化的服务。

变革三：实现更加多元化的教育评价。利用人工智能、大数据等技术，提供更加多元的过程化教学评价，建立智能、快速、全面的分析系统，实现对教学活动全过程的评估监测与管理。通过创新信息化评价工具，全面记录学生学习实践经历，客观分析学生能力，提出个性化学习方案，从而提升其学习效果，真正实现教学的规模化与个性化统一。

变革四：培育更加联结开放的教育文化。新形态下的高等教育文化是一种通达、联结的文化。随着学习环境的改变、学校组织的变革、教育系统的重构，传统教育的物质文化、制度文化和心理文化都将发生重大转变，全新的教育文化将逐步建立，教育系统的内在品质将得到全面提升。

变革五：提供更加个性化的教育服务。高校将为师生创建智能开放的教育教学环境和便利舒适的生活环境，围绕教师、学生、管理者的多层次现实需求，提供以人为本的个性化创新服务；将开展基于大数据的教育治理分析，支撑科学决策，提高管理和服务效率。

变革六：构筑更加可持续的高等教育体系。数字技术的赋能有利于进一步分析高等教育发展的客观规律，形成教育教学的有益经验，提升教育教学实践的科学化水平；助力学习者形成满足可持续发展需要的科学知识、价值观念、行为习惯与生活方式，培养终身学习理念下的理性精神。

未来，高等教育数字化的发展目标将从促进人的全面发展、社会的全面进步、构建人类命运共同体等方面展开。促进人的全面发展，包括促进个体的价值塑造、能力培养和知识发展；促进社会全面进步，包括促进学习型社会和创新型社会的建设，以推动人类社会经济、政治、文化、社会、生态文明等各方面的均衡发展；促进构建人类命运共同体，包括促进各国加强沟通、扩大共识、深化合作，以共同应对未来高等教育发展面临的挑战与机遇。未来的高等教育，将构建数字化、智能化的高等教育体系，满足学习者个性化、差异化、个别化的学习需求，从而建设学习型社会，更好地应对全球化的挑战与机遇，增强自身竞争力。未来的高等教育，需要营造更加开放包容的教育环境，促进融合创新，实现多元时空中教师和学生的协同创造，从而促进高等教育、职业教育、继续教育的融合协调发展，创建面向社会各阶层、多群体的更加开放、更加公平的高等教育系统；需要顺应数字化时代潮流，创新合作机制，加强学科领域的科研合作和国际交流，并建立多边共建共享机制，以完善全球化资源与平台的融合和建设。

技术终究要满足人的需要。数字化正在催生学习革命，这场革命将使“有教无类、因材施教”理念的实现更为可能和便捷，“以教定学”将更快地走向“以学寻教”，个人的学习力和高等教育的生产力都将得到进一步解放，高校、个人和人类社会将从中获得更多的力量和更大的希望。在这个过程中，各国高等教育之间的联系和合作将更加紧密，全球教育共同体将更有力地推动构建人类命运共同体。

目 录

第一部分 全球在行动

第二部分　变革与挑战

第三部分　共同向未来

第一部分
全球在行动

近年来特别是新冠疫情暴发以来，为应对数字变革带来的全新挑战，世界各国纷纷谋划高等教育数字化战略，持续推进高等教育变革；各类国际组织积极行动，努力驱动高等教育数字化治理变革。从全球范围来看，数字化已成为高等教育实现更加包容、公平、优质、可持续发展目标的撬动和支撑力量，全世界在行动中不断反思、总结、前进。

一、各国谋划实施高等教育数字化战略

近年来，为应对世界高等教育变革趋势，许多国家不断提升战略认知，加强顶层设计，在数字战略总体框架、教育战略重点领域和高等教育专项规划中积极谋划并推进高等教育数字化战略行动。

（一）亚洲

随着数字时代到来，加快推进高等教育数字化成为亚洲许多国家教育改革的重要议题。这些国家顺应数字时代潮流，树立数字教育观念，推出数字化战略行动，推动高等教育整体性变革。

中国自从确立教育信息化战略以来，教育数字化已深入到教育系统各领域。从早期关注基础设施建设，到“互联网＋教育”、智能教育，再到国家智慧教育平台建设，高等教育数字化发展深入推进，不断贡献中国方案。特别是 2022 年以来，中国教育部启动国家教育数字化战略行动，将社会化高质量在线课程资源纳入公共教学体系，推动场景式、体验式学习和智能化管理评价，扩展数字信息资源；明确高等教育在线开放课程的质量保障、学分认定、考试规范、教学活动、监督机制等要求，提出建立数据分类分级保护制度，更好地平衡数据使用的便捷性和数据防护的安全性，促进数据安全体系建设降本增效，等等。中国高等教育数字化相关举措见表 1-1。

表 1–1 中国高等教育数字化举措一览表

维度	时间（年）	相关举措	高等教育数字化方面重点部署
育人方式	2015	发布《关于加强高等学校在线开放课程建设应用与管理的意见》	建设一批以大规模在线开放课程为代表、课程应用与教学服务相融通的优质在线开放课程
	2018	发布《教育信息化 2.0 行动计划》	提出到 2022 年基本实现教学应用覆盖全体教师、学习应用覆盖全体适龄学生、数字校园建设覆盖全体学校，信息化应用水平和师生信息素养普遍提高，建成“互联网 + 教育”大平台的发展目标
	2020	发布《慕课发展北京宣言》	成立世界慕课与在线教育联盟，并推出 8 门全球公开课
	2022	“国家高等教育智慧教育平台”上线	打造中国高等教育永远在线的“金课堂”
办学模式	2017	发布《新一代人工智能发展规划》	提出“智能教育”，强调利用智能技术加快推动人才培养模式、混合式教学模式改革，构建包含智能学习、交互式学习的新型教育体系
	2019	发布《教育部关于一流本科课程建设的实施意见》	提出实施一流本科课程“双万计划”，认定万门左右国家级一流本科课程和万门左右省级一流本科课程，包括线上一流课程、线下一流课程、线上线下混合式一流课程、虚拟仿真实验教学一流课程和社会实践一流课程
	2021	发布《中华人民共和国国民经济和社会发展第十四个五年规划和 2035 年远景目标纲要》	推动社会化高质量在线课程资源纳入公共教学体系，发展场景式、体验式学习和智能化教育管理评价，以扩展数字信息资源
管理体制	2018	发布《网络学习空间建设与应用指南》	推进“互联网 +”行动，切实加快教育信息化进程，以教育信息化支撑和引领教育现代化，服务教育强国建设
	2021	发布《5G 应用“扬帆”行动计划（2021—2023 年）》	提出大力推动 5G 在教育管理、学生综合评价等场景的应用
	2021	发布《中华人民共和国数据安全法》	建立数据分类分级保护制度

续表

维度	时间（年）	相关举措	高等教育数字化方面重点部署
保障机制	2022	发布《关于加强普通高等学校在线开放课程教学管理的若干意见》	针对在线开放课程的课程质量、学分认定、考试规范、教师教学活动、平台监督机制等进一步提出明确要求

日本面向当下和未来社会变革，推出科学技术基本计划，提出社会 5.0 理念，旨在构建虚拟空间与现实空间高度融合的社会系统，建立实现经济发展并解决社会问题、以人为中心的新型社会形态；实施以改善学校信息化基础设施环境为目的的五年计划（2018—2022 年），强调运用人工智能等先进技术，建设社会 5.0 时代的学校信息化环境，提高学生信息素养，促进个性化学习，培养学生主动学习与合作的意识以及发现与解决问题的能力。2020 年修订《科学技术基本法》，推出新一期科学技术创新基本计划，细化社会 5.0 愿景，旨在通过信息教育培养学生的学习力和面向社会 5.0 时代的生存力；重新定义信息素养，将其与语言能力、问题发现与解决能力一起作为学生应具备的三大基础能力，着力强调教育数字化转型，系统推进 STEM（Science，Technology，Engineering，Mathematics）教育。同年，日本国际教育研究联盟宣布与 IT 教育企业 DIGITARY 合作建设日本高等教育数字化平台，以促进高等教育质量保障和国际化发展。推出年度人工智能战略，提出建设满足人工智能学习需求的高校校园基础设施，实现"一人一终端"目标，并适当进行补助，运用云技术方式开展教学，减少线下教学设备压力。

韩国系统实施每五年一次的教育信息化规划，先后经历建设信息化基础设施、适应知识经济开展远程教学、强化研发能力、开发应用数字教材、建立个性化学习支持体系等不同阶段；正在实施第六次教育信息化规划（2019—2023 年），聚焦 4 个施政领域和 13 项重大任务，打造未来智慧教育环境，推进可持续教育信息化创新，通过信息通信技术（Information and Communications Technology，ICT）实现定制化教育服务，建立共享教育信息的数字基础设施，打造以人为本的智能教育环境。2019 年颁布《人工智能国家战略》，在高校增设人工智能专业，构建包括实时监控系统、智能辅导系统、协同教育机制等在内的一体化教育体系，全程采集学生线上线下学习行为、学业成绩及心理等方面数据，及时发现并解决学生存在的学习问题，为每位学生学习提供可视化诊断、学习问题分析及预警报告，提供具有个性化评价及建议的诊断方案。为应对疫情冲击，加强创新型人才培养，在《修订教育课程 2022》中突出强调信息素养和信息教育的重要性，更加侧重学生自主学习能力的培养和学科融合教育；出台《教育信息化实施计划 2022》，提出构建以信息通信技术为基础的评价支持系统，将国家标准学业成就评价转化为计算机评价。同时，韩国教育研究信息院发布年度教育信息化白皮书，提出教师可以使用 e-Hakseupteo、韩国教育广播公司线上课堂等学习管理系统，检查学生出勤和缺勤情况，提高工作效率。

印度推出“数字印度”战略，目标是以“印度制造”“数字印度”引领未来，以应用核心信息技术促进社会变革、实现转型发展，重点聚焦数字基础设施建设、数字政府服务和公民数字教育，推动印度成为数字赋能的社会和知识经济体；推动高校联手 IT 行业、软件和服务业组织，积极打造数字人才库，加大数字人才培养培训投入，推动政产学研联合培养，新增数据科学、大数据分析等学位计划；发布《SWAYAM 平台在线学习课程学分框架》，提出学生如果通过项目学分计划中的课程，学校要给予学生同等的学分权重，任何大学不得拒绝任何通过慕课获得学分的学生；颁布《国家教育政策 2020》，提出建立印度校园业务线上平台、开源学习平台及教育信息管理系统等；发布《印度报告 2021：数字教育》，提出在全国范围内推进数字教育、将印度建成全球知识型超级大国的战略目标；在 2021—2022 年度联邦预算中专列“国家数字架构”，提出要制定一套建设和使用教育技术的通信标准和规划；将数字基础设施建设纳入国家五年发展计划、各类全国性教育计划，建立高等教育融资机构，负责高等教育数字基础设施投资与建设；在年度联邦预算大会宣布建立数字大学；推出“首相数字维迪亚计划”，明确“一国一数字平台”目标，优化知识共享数字基础设施（DIKSHA）、青年学习研究网络、教育电视频道等数字教育平台。

新加坡较早启动教育信息化战略，先后出台四部教育信息化发展规划，每部规划都在继承前一部规划的基础上更新迭代。为确保全球教育技术领先地位，主要从提高教师数字技能、推动数字化课程建设、应用数字评估等方面发布系列政策法规。第四部规划（2015—2020 年）要求教师认清自身角色转变，尝试人机协同课堂教学的混合新模式，利用人工智能技术从课程内容、学习资源、教学过程等方面进行数据采集、分析和应用。通信与信息部发布《数字化就绪蓝图》，基于数字素养框架提出基本数字技能课程，包括信息管理与交流、数字交易、访问政府服务、网络安全四大板块内容。教育部出台《教育技术计划（2020—2030 年）》，提出将利用电子形成性评估、电子校本评估和国家电子考试进行以学习者为中心的评估，利用模拟技术、多媒体资源等优势，提高国家电子考试的真实性和互动性；同时强调教师在数字化时代应作为以技术为媒介的学习体验设计者和促进者，赋能学生成长。

越南积极利用技术革命带来的机遇，推动教育尤其是高等教育进行全面突破，高等教育数字化发展进程明显提速。2020 年发布关于推进越南数字技术发展的总理令、《国家数字化转型计划 2025 及 2030 发展方向》等纲领性文件，强调教育是进行数字化转型的优先领域，提出高等教育是引领国家数字化转型、推进产业结构调整的关键领域；明确到 2030 年要成为拥有合格数字公民的稳定繁荣的数字化国家。加大高等教育高质量供给，开发新专业，加大高新技术革新力度，创新人才培养模式等，培养数字社会发展进程中需要的人才。

马来西亚先后发布《马来西亚智慧学校：一个巨大的飞跃》《马来西亚智慧学校：概念蓝图》《马来西亚智慧学校实施计划》《智慧学校发展路线图（2005—2020 年）》，推进智慧学校项目，明确智慧学校的核心概念、基本要素、目标任务及发展措施；通过提升线上教学技术，积极拓宽高等教育学习途径，推动教育数字化发展，提高高等教育入学率和参与率。制定《慕课学分转换指南》，针对不同的资格认定层级制定完善的学分认证标准，确定慕课学分认证基线，将马来西亚学分认证体制进一步规范化。制定《马来西亚教育信息通信技术政策》，强调信息通信技术在教育发展中的融合与创新。颁布《马来西亚教育蓝图（2015—2025 年）》，提出通过再培训来提供终身学习机会，满足不断变化的技能需求。颁布《马来西亚“十一五”计划（2016—2020 年）》，提高弱势群体的高等教育参与比例，2020 年底层群体中拥有高等教育学位的比例提高到 20%。制定高等教育 4.0 计划，聚焦为第四次工业革命培养有能力和技能的劳动力。2021 年发布《马来西亚高等教育的灵活学习途径：平衡人力资源开发和公平政策》，以数字化形式提供更多举措，支持灵活学习途径的实施。推进以高速信息网络普及为核心的教育“新基建”，专项拨款打造稳定高效的教育网络系统，制定智慧学校基础设施关键指标；启动开放式远程学习项目，创立马来西亚开放大学和宏愿开放大学，扩大接受高等教育途径。打造数字教育“新平台”，推出“谷歌教室”“国家数字教科书平台”“马来西亚数字教育学习倡议”平台，推出数字教科书。制定《全国教师信息通信技术能力标准》，包含技术操作和概念、社会和伦理、教学、专业发展等四大领域 17 个标准 76 个指标。开发在线教师培训软件，使教师能根据自身节奏和时空条件进行自定义学习，绘制学习路径，提供个性化学习指导。推出先前体验式学习认证项目，为有工作经验但缺乏正式学历的个人提供接受高等教育的机会。

沙特阿拉伯推进国家数字化转型战略，将教育视为建设数字文明社会的手段之一，提出通过构建合作伙伴生态系统快速实现教育数字化，以培养具有数字化能力和包容性的人才；发布《愿景 2030》，提出建立与市场需求相适应的教育体系，实现人人享有机会的繁荣经济。成立研究与发展办公室，负责沙特阿拉伯研究和发展生态系统变革，加强大学和研究机构的能力建设，提高两者的协同效应，助力数字化转型；成立数字转型公共管理局，负责教育部各项数字化转型政策举措的落实。颁布《国家转型计划（2016—2020 年）》，通过教育部、信息通信技术部等国家部委的密切合作，提升教师培训质量、开发教师能力，改善学习环境、提高创新能力、改革教育方式。

阿联酋重视推进数字化战略，颁布《阿联酋愿景 2021 国家议程》，将教育视为重大战略；实施“数字经济先锋”计划，培养数字化和人工智能技术专业人才；启动“2071 百年计划”，对原有教育系统和教学方法进行彻底改革；在各个阶段实施智能化教学，为中小学和高校师生配备智能设备，推动教学、科研和教育管理进入智能化时代；发布《阿联酋教育部战略规划（2017—2021 年）》，确立人才培养、教育技术、教育管理等目标，推动教育数字化转型。发起 MBRSLP 智能学习项目，促进先进智能设备在课堂中的使用；为学校配备 4G 网络、电子白板、智能平板电脑、电子资源，推出网站和用户终端应用。成立数字学习未来联盟，推行“数字学校”倡议行动，为阿拉伯地区和世界其他地区无法接受正规教育的学生提供经认证的在线教育。

亚洲其他国家紧跟数字时代潮流，相继颁布了一系列政策，加快推进信息通信技术在教育领域的应用，提高学生学习效率和高等教育办学水平。土耳其发布《高等教育组织的远程教育程序和原则》，对公立大学和基金会大学开设远程教育专业和课程作出规定，强调远程教育是师生不在同一个地点、主要通过同步信息通信技术进行教学的一种教学模式；提出这些同步远程教育专业有详细的课程安排计划，学生必须按指定的时间通过电脑参加在线教学，而且要在监考人员的监督下参加期末考试。黎巴嫩制定数字化转型战略，将数字化转型作为优先倡议，推出黎巴嫩国家教育战略计划，提出以信息通信技术提高教学质量的蓝图，关注技术和职业教育与培训以及教师信息通信技术应用能力的提升。缅甸教育部发布《国家教育战略规划（2016—2021 年）》，围绕该国高等教育数字化转型、信息通信产业人才培养等方面提出具体行动计划。巴基斯坦高等教育委员会发布《高等教育愿景 2025》，提出启动信息通信技术嵌入高等教育的行动战略，强调以智慧教育推动教育公平，促进教育国际交流。约旦政府对于电信和 ICT 行业的发展十分重视，尤其是 ICT 教育，为此成立国家信息和电信技术委员会、启动远程教学创新机遇工程等措施。泰国的人工智能和机器人技术正在带动其产业转型，泰国科技部为此出台政策平衡社科类和工科类专业学生比例，打造国家慕课平台，为经济的数字化转型培养有力人才。文莱政府发布《21 世纪的国家教育体系》《国家 ICT 人才培养方案》等，改善高等教育结构，引导学生选择信息通信技术作为职业发展方向，提供培训以提升人才技能，并联合企业和高校建立人力资源发展基金，开展 ICT 学徒计划。此外，老挝、斯里兰卡、柬埔寨、蒙古等国在国际援助下，推动高等教育改革，实施 ICT 人才培养计划。

（二）非洲

许多非洲国家日益认识到高等教育数字化的重要性，将高等教育数字化提升到国家战略高度，发布一系列政策报告，努力推动高等教育数字化进程。

南非先后推出《信息通信技术在教育中的战略》《数字教育白皮书》《远程高等教育质量保障框架》等政策报告，将信息技术视为实现国家教育目标的重要途径，提出学习者应具备的信息技术能力，要求高校根据国家框架设立专门的线上教学质量保障机构，出台相关质量保障政策。高等教育部发布《战略计划（2020—2025 年）》《南非国家数字及未来技能战略》，强调各层次数字技能培养及数字化发展与社会、生产等方面的密切关系，消除大学和职业院校等数字技能供应方与企业和社区等数字技能需求方之间的隔阂；宣布投资 40 亿兰特，推动数字基础设施建设，通过实验室翻新、设备升级和信息通信技术升级，确保学生获得必备的工具，在有利于教学的环境中学习并取得成功。2021 年通过《加快数字与云技术发展议案》，旨在增强国家数字服务能力，提高政府数据分析研判水平，保障南非数据主权与安全；提出成立国家数字基础公司和高性能计算与数据处理中心，整合现有公共数字资源，为国家各部门、各级机构、企业、大学、民间社会组织等提供数字云服务。

尼日利亚为提高信息通信技术发展水平，将信息通信技术整合到社会经济发展中，旨在将尼日利亚打造成知识导向的、具有全球竞争力的国家。颁布《国家教育信息通信技术政策》，为数字教育发展确立基本政策框架，提出用国家政策促进教育信息技术的发展；提供信息通信技术基础设施和服务；用优惠价格为各级教育部门工作人员提供电脑；在学校建立信息通信技术实验室，在高等教育机构建立卓越中心；为远程教育和各层次开放教育引入数字化学习和信息通信技术；通过国家和国际认可的资格培训为教师和教育管理者加强能力建设；运用信息通信技术搭建教育管理框架；在联邦学校建立数字图书馆、在大学建立虚拟图书馆；开发信息技术教育课程；使用国家信息技术教育框架管理联邦层面的信息技术机构和专业人员；制定信息技术教育的国家标准；设立信息通信技术部；设立创新创业学院和职业创业学院；多部门联合协作保障信息技术教育的实施。颁布《国家教育信息通信技术实施指南》，总体目标是满足人力资本需求，以实现社会经济可持续发展、提升国家全球竞争力、提升个人在竞争环境中的生存能力；具体目标包括促进教与学，培养问题解决能力、批判性思维和创新技能，促进终身学习和高深知识学习，提供多样化教学和学习策略以满足教育需求，鼓励研发，提升教育管理效率，普及信息获取率，扩大教育参与率、提供随时随地可以学习的机会，促进教育信息技术的商业化，鼓励技术性基础设施建设、鼓励数字创新与共享。

埃及为进一步发展经济，实施数字化转型战略，加强数字化建设，吸引外国投资，旨在打造国际通信和信息技术枢纽。2020 年 9 月推行“数字埃及建设者”计划，通过与国际知名大学和 ICT 企业合作，每年向 1000 名计算机科学和信息工程专业优秀大学毕业生提供奖学金，支持他们在数据科学、人工智能、网络安全、机器人技术和自动化、数字艺术等领域进行培训深造，为实现埃及数字化愿景提供人才支撑；2021 年发布《埃及可持续发展目标 2030 愿景下的数字化》，提出埃及教育数字化转型的途径和发展线上互动式教育行动的建议；出台《埃及 ICT 战略 2030》，以数字基础架构和立法框架为基础，为埃及高等教育数字化提供助力。制定国家人工智能战略，与高等教育和科学研究部合作，将人工智能等先进技术集成到数字系统中，激活其应用以支持决策制定，提高公众意识、指导正规教育、提供职业和专业培训，帮助埃及公民为人工智能时代做好准备，鼓励高校、研究机构和私营企业以政府和社会资本合作模式投入人工智能研究和创新；在国际上成为人工智能教育与人才服务的地区中心；利用人工智能技术支持终身学习与再培训项目，为人力资源发展和可持续就业作出贡献；通过支持创新创业和培育富有创意、发明、发现的学术环境，创造欣欣向荣的人工智能发展生态。通过“埃及 2030 愿景”，将建设信息通信技术基础设施、促进数字化包容性提升、加强教师数字能力建设等列入未来发展规划。推出“提高教师的技术技能”倡议，致力于将信息通信技术和教育相结合，计划通过提供有关使用课件制作软件 Articulate Storyline 创建数字教育内容的培训课程，提高教师和教职员工的技术能力。推出“基本数字技能发展计划”，培养公民的数字能力。搭建教育资源公共平台“埃及知识库”，为中小学生、大学生和研究生等提供在线学习的机会，加快知识传播速度。通过联合国教科文组织高等教育创新中心与各国企业开展合作，为大学生创设数字化学习环境。

莫桑比克政府较早认识到信息通信技术的重要性，出台了一系列政策举措。2021 年，莫桑比克高等教育部部长承诺实施“一生一计算机”计划。2022 年莫桑比克科技与高等教育部与中国华为技术有限公司签署《数字创新与能力建设合作谅解备忘录》，以促进莫桑比克安全高效的数字治理、开放包容的信息化发展和信息化转型储备人才培养。未来三年，华为将与莫桑比克政府一同推进数字包容、数字主权和数字人才建设，为偏远地区 450 万人提供网络联结，实现政府数字服务的快速开发和上线，并与莫桑比克高校共建 30 余所 ICT 学院，为 4500 名青年学子提供专业的信息通信技术培训，助力莫桑比克缩小数字鸿沟，扩充数字人才储备。

安哥拉认识到教育信息化在恢复、推动经济社会发展中的重要性，出台《国家信息化社会计划（2013—2017 年）》，提出加强信息通信技术能力、加强信息通信技术在教学和教育系统中的应用、增加受教育机会、促进研究和发展等四大行动方针。推出 Ngola Digital 项目，旨在为学校配备联网教室，提升国民数字素养。推出 Nova Educação 学习平台，为全国提供涵盖学前教育到高等教育的综合解决方案。通过教育部教育管理信息系统，发布年度教育报告，为各地学校提供数据访问和数据采集支持。与中国华为技术有限公司合作设立“安哥拉国家 ICT 之星”项目，为安哥拉师生提供信息通信技术培训，为学校提供计算机设备安装和维护等方面支持。安哥拉媒体图书馆与美国驻安哥拉大使馆合作，设立网络培训项目，提供英语学习、大学咨询和文化课程学习的资源和活动。

肯尼亚颁布一系列政策法规，推动数字赋能教与学。发布《2030 年远景计划》，提出 2022 年底前制定国家信息技术政策和相关法律法规，搭建制度框架，完善基础设施建设，普及互联网接入，保障信息安全和实现电子政务；发布《国家信息通信技术政策》，旨在为全国搭建连接高速网络的基础设施，到 2030 年把信息技术对经济的贡献力提升至 10%，保障肯尼亚在地区与国际合作中的经济机会，通过改善教育机构和劳动者技能提升国家竞争力，在创新、效率和公共服务质量等方面获得国际认可。同时，承诺为全学段开发整合信息通信技术课程；在全国范围内搭建各类型学校之间、学校与知识中心之间互通互联的数字化教育体系；创设吸引海归人才参与肯尼亚经济建设的友好环境；普及成人教育和终身教育，提升数字素养；通过信息技术专业化激发行业开展技能培训；建立教育网络共享教育资源，推广各层次教育数字化学习；推动公私合作支持数字化学习；在非国家资助的项目中对技能提出要求；鼓励产业与研究机构开展紧密合作；鼓励创建信息技术卓越中心；为决策者、各公私部门领导者提供信息技术培训；为特殊群体提供信息技术技能培训；在大学设立博士后研究岗位吸引世界一流学者加入；成立区块链与人工智能特别行动组，对肯尼亚未来如何应用前沿科技提出建议，打造以移动技术为基础的 Eneza Education 在线平台。

坦桑尼亚教育数字化建设逐渐起步。2022 年 8 月通过《国家创新框架（草案）》，重点关注信息技术基础建设和能力建设、科学技术创新应用，提出国家教育与培训系统应重点关注为制造业和服务业培养合格的工程师和自然科学家，同时提供相应的在职培训，其具体策略包括开发常规性技能地图，识别劳动力技能需求；为劳动力提供最基本的技能培训；提升国家在新兴重要技术方面的鉴别和应用能力；提供先进科学技术创新设施和设备，促进本土创新技术商业化；建立创业和产业园，促进国内外重要技术的生产转化和商业化。在英国人类发展创新基金经费和技术支持下发起“创新周”，开展 48 个项目，创建 55 个创业中心，促进成果转化，助力打造创新生态系统；2021 年由联合国开发计划署（UNDP）与 Funguo 创新项目合作，继续协助打造创新生态系统，突出为可持续发展而创新，其中 Silabu 项目、阿布库斯思维数学项目、MITz KITS 项目等教育领域项目最受关注。

非洲其他国家也在多个方面探索推动高等教育数字化进程。摩洛哥推出“天才计划：ICT 在教育领域的普及”项目，为师生提供多媒体机房和移动设备；疫情期间支持以哈桑二世大学为代表的摩洛哥高等院校为学生购买 Coursera 在线学习账号，确保学生停课不停学。卢旺达推出信息通信技术行业战略规划，突出强调国家数字化转型、高级技术技能与能力发展的战略目标。科特迪瓦成立科特迪瓦虚拟大学，致力于建设国家级慕课平台和在线学习平台，提供在线和远程教学；疫情期间确保全国高校通过数字技术方法实现停课不停学。此外，越来越多的非洲高校开设信息通信技术前沿学科课程，科特迪瓦、纳米比亚、南非、肯尼亚、乌干达、塞内加尔、尼日利亚、赞比亚等国家高校都开设了人工智能、大数据相关的学位课程。

（三）欧洲

随着数字技术的发展和繁荣，信息和资源更加开放，为学习提供了更多元的途径和更丰富的机会，也对高等教育人才培养提出更高要求，因此普及数字技术、推广数字高等教育至关重要。欧洲许多国家竞相制定发展战略、出台鼓励政策，将数字技术全方位融入高等教育。

德国为回应工业 4.0 时代的需求，近年来积极搭建数字化转型与建设的政策框架，出台一系列国家数字化战略规划，提出战略目标、行动指南和实施路径，加快推动经济与社会数字化转型进程。推出“数字型知识社会”的教育战略，内容涉及数字化教育培训、数字化设施、法律框架、教育组织和机构的数字化战略、国际化等 5 个重点行动领域，要求高校加强数字化建设，保障线上数字化教育课程的不断更新，使学习者能够通过云端保存和传输学习信息，获得适宜的个性化教育方案。2018 年推出国家人工智能战略，其重点是通过高等教育培养更多专业人才，为人工智能研究人员创造有吸引力的工作环境；在“AI 校园”项目中注重人工智能中的数据技能，旨在增强数据使用和评估的能力，并将其运用在课堂教学评估上。2021 年提出数字教育倡议新举措，启动国家学习应用程序项目，创建不同场景，将数字化生活各个领域虚拟化，旨在进一步提升德国数字教育水平，推进数字学习，加强各个年龄段和来自不同教育背景的群体对数字化知识的理解，提升数据保护和安全意识。2021 年启动国家教育平台（NEP）建设，计划建成一个面向全国的国家级平台，连接已有的与新建立的数字教育平台，将所有教育领域和教育阶段的教学、学习与能力提升联系起来。

俄罗斯为建成现代化数字教育系统，制定多个与高等教育数字化转型发展相关的联邦计划，将高等教育推到新的发展阶段，特别是在开发数字教育资源和平台、研发创新数字技术方面取得阶段性进展。俄罗斯教育部门通过《建设现代数字教育环境》，提出利用现代信息技术扩大网络学习空间、增加学习资源，为公民创造接受高等教育的机会，计划至 2025 年底能够支持在线课程使用人数达 1100 万人。俄罗斯联邦政府批准《现代数字教育环境建设项目（2016—2025 年）》，强调利用现代信息技术扩大网络学习空间、开发高等教育层面的在线课程及平台，实施多阶段在线课程质量评估机制。2021 年，俄罗斯政府颁布《俄罗斯教育部活动领域相关的教育数字化战略转型方向》，从五个维度制定数字大学评价指标体系框架，包括为教学过程的参与者提供统一的集成服务系统、教学计划均可以构建个性化的教育轨迹、达到基础的“数字成熟度”指标、使用统一的“服务市场”系统、进行数字化服务的创建和管理。在此基础上，俄罗斯科学与高等教育部开发了高等教育的“数字成熟度”测评数字系统，以实现对各校数字化转型全过程的自动化实时监测和智能化建议的生成。2021 年，俄罗斯科学与高等教育部发布《科学与高等教育部数字化转型战略》，对高等教育数字化转型的总体目标、预期成果及推进路径进行国家层面的战略规划，提出建立科研统一服务平台，推进科研主体之间的交互合作，并通过建立个人数字档案与“虚拟学者助手”为不同科研需求的教师和学生提供更为个性化的服务。同年，俄罗斯教育部推出“教育数字化转型”战略，提出到 2030 年实现三分之一的课程应用数字技术进行教学。

英国高等教育数字化发展水平处于世界领先地位，其发展主要经历两个阶段：第一个阶段注重用数字化基础设施来辅助大学实现教学核心目标；第二个阶段探索技术在促进学习中的作用并提供具体的改进措施。近年来，英国政府通过发布一系列教育数字化战略规划推动第一阶段向第二阶段平稳过渡，同时促进高等教育向纵深转型。一是学习空间重构，《数字英国战略》提出打造“数字英国”的构想，要求英国高校融合机器学习、人脸识别技术以及4D高清投影等多项尖端科技以打造全新的学习空间，为师生营造独特的沉浸式教学体验；《教育技术战略：释放技术在教育中的潜力》提出构建良好的数字基础设施建设、培养信息素养与技能、支持基础设备采购、保护网络信息安全与防御风险、促进教育科技产业发展、支持创新以应对教育技术挑战、提升教育部门数字服务水平等七大战略行动，推动高等教育数字化转型；《认识科技在教育方面的潜力：为教育提供者和技术产业制定的战略》提出从数字基础设施建设、学生信息技能培养等方面明确信息素养对推动高等教育发展的意义。二是教学模式多元，强调与学习者共同创造数字课程的重要性，将学习者置于课程的中心，不仅在课程设计的最初阶段咨询和了解学习者的需求，还在课程实施过程中收集学习者的反馈，为课程的优化提供线索；《实现技术在教育中的潜力：教育提供者和技术产业战略》要求教师在教学过程中将智能学伴、智能助教等融入学习环境，旨在以技术嵌入的方式减少教师工作量与提升教学效率。三是数据安全保障，2021年推出《国家人工智能战略》，更新适用人工智能的道德原则和安全指南，并创建实用工具，以确保人工智能技术的使用符合道德规范；2022年推出《国家网络安全战略》，从背景、方法、网络安全风险管理、网络攻击防御、网络安全事件监测、网络安全事件影响控制、网络安全知识技能及文化培养、成果评估、战略执行等方面对英国网络安全战略进行全面描述。

法国将数字化大学战略纳入《高等教育与研究法》，以法律形式精简高等教育机构、明确政府部门职责，为高等教育数字化发展提供制度保障；要求高等教育在公共培训服务方面逐步迈入数字化。启动“法国数字大学城”项目，旨在整合全国各类高等教育机构的教育资源，为全法乃至世界各地的人们学习多样且高质量的课程提供便利。2020年出台《疫情背景下教育数据使用的伦理问题》，提出开展对于各类在线教育参与者的信息技术与信息化公民素养培训，包括数据隐私保护意识、数字主权维护意识以及道德培养等相关内容。

意大利十分关注高等教育数字化发展，积极实施数字化发展战略。颁布《大学重组方案》，规定高校可以建设以视听设备为基础的教辅机构。出台《大学教学制度改革》，授权高校开展远程教学。发布《远程学习课程认证的标准和程序》，推动意大利远程教育大学建设，批准成立11所远程教育大学。颁布《国家数字教育方案》，对全国数字教育进行总体规划。立法启动“美好校园”计划，改革意大利教育体系，加强数字化教育建设。2020年启动覆盖面更广的《国家数字能力战略行动方案》，以解决意大利社会的数字化问题。作为国家数字能力联盟的主要成员，意大利高校直接参与了该方案的制定。《国家数字能力战略行动方案》将战略行动分为教育培训、就业市场、通信技术、公民素质四个维度。高等教育数字战略行动包括教育系统的基础设施建设、学生数字化能力培养、教师的数字化能力培训、加强 PCTO 课程中的信息通信技术能力培养、加强高中毕业生对大学专业选择的指导。2020 年制定《公共管理数字化服务三年计划（2020—2022 年）》配套行动方案，主要涵盖技术和管理两个方面，技术细分为公共服务、数据处理、平台建设、基础设施、系统互用和信息安全等五个维度，而管理则包括技术和模式创新、电子信息转化管理两个维度，遵循数字和移动优先原则、数字身份原则、云优先原则、包容及无障碍服务原则、公共数据作为公共财产原则、互操作原则、安全和隐私保护原则、以用户为中心的快捷数据为驱动原则、不重复原则、跨国界原则、开放代码原则。

葡萄牙为加快教育数字化转型步伐，推出《葡萄牙教育技术规划》《葡萄牙国家战略规划》，推出《葡萄牙 2030 国家数字技能倡议》，实施“数字教科书战略”，旨在加强教科书的非物质化进程，提供不同格式和不同类型（动画、模拟、三维视频或其他）的多种数字教育资源，提供数字格式教科书的联合供应，并提供一个可以访问补充性多媒体资源的平台；还提供满足特定特殊需求的学生的解决方案，如数字手册的页面可以放大到 400%，帮助视力障碍者使用计算机工具（与 NDVA 兼容）。2021 年开始对数字转型领域的教师进行培训，包括短期培训、课程培训、慕课、网络研讨会、讲习班等各种形式。2022 年 10 月推出 AP 数字 4.0 培训计划，对负责给全国所有学校开展培训行动的培训师进行培训，以及对数字大使和培训中心主任进行培训。发起“家长数字学院”倡议，为家长等监护人提供数字技能培训，使其在社会数字化转型阶段、教育数字化转型阶段能够陪伴孩子安全使用数字技术、网络和通信工具。2022 年 10 月启动数字技能月活动，首次将整个 10 月专门用于开展系列活动以提高国民的数字素养和技能；开展给 45 岁以上的人进行基本数字技能培训等活动；将 10 月 11 日设为“工程师日”，等等。

丹麦致力于数字设备、在线资源和教师数字能力建设，推出一些政策举措促进教育数字化转型，加快高等教育数字化进程。近年将大笔公共财政投入教育系统，继续以间接支持教育技术机构和教育技术商业的方式带动教育技术行业投资。与来自企业、教育和研究机构、商业组织、非营利组织和私人基金会的 80 多个合作伙伴共同发起“技术公约”战略，将数字教育作为独立科目，加强技术和数字技能培养。与北欧教育技术联盟和欧洲教育技术联盟开展合作，促进成员国之间的知识交流和技术转移，并在欧盟层面扩大获取教育技术产品和服务的机会。

欧洲其他国家在高等教育数字化转型背景下，也在打造数字化平台、数字化赋能教与学、实施在线课程等方面颁布了一系列政策规划。荷兰推出《教育创新与信息通信技术加速计划》《人工智能战略行动计划》，在高校中开设虚拟仿真课程，用高度仿真的虚拟设备模拟现实物理空间的设备，荷兰应用科学大学协会、荷兰大学协会和荷兰教育与研究机构协会联合发布《加速计划：利用信息通信技术进行教育创新》，支持研究型大学和应用科技大学积极应对时代的快速变化，更好地立足于未来世界。匈牙利《数字教育战略》提出发展数字工具以支持由数字设备、数字网络、数字教材等数字元素构成的数字教学场域的形成。芬兰发布国家人工智能战略，强调编程和计算机思维教育有助于学生习得数字素养和能力。

（四）北美洲

在北美洲，美国、加拿大是推进教育数字化转型的主要代表，通过数字化重塑教育的基础设施、课程与教学，深化核心素养研究，将教育变革引向深入。

美国教育信息化起步较早，从“迎接技术素养的挑战”到“重塑技术在教育中的角色”，美国政府及其教育部门一贯重视技术在教育中的作用。美国教育部先后推出五轮国家教育技术计划，提出“数字化学习”，突出数字化学习资源在教育教学活动中的重要性，为学生提供良好的网络学习环境；强调教师作为引导者应发掘学生的积极主动性，帮助学生根据兴趣爱好选择适合自己的个性化网络课程，同时运用信息技术对数字化的教学内容进行高效学习。2019 年发布《为所有学习者提供公平机会：领航数字变革 2019》，强化国家领导，坚持以学生为中心的个性化学习方法，强调围绕数字化教育资源的选择、管理和应用的专业化学习，明确数字化环境中开展教与学的基本条件。2021 年发布《学校领导者数字学习指南》，提出学校应帮助学生制订、实施和调整学习计划，以满足学生的个性化需求。发布《2021 高校教师调查》，描述数字化转型以来高校教师在论文发表以及书籍出版等学术研究方面的变化，便于学院和大学以及其他利益相关者（如学术图书馆，学术团体和学术出版商）以此为依据调整其学术规划。2022 年举办全国网络劳动力和教育峰会，强调建立网络劳动力，使他们拥有数字化社会所需的必备技能，改善网络领域的多样性、公平性、包容性和可访问性。推出“创新教育运动”计划，将 STEM 教育作为未来十年国家的优先发展事项，建立 STEM 网站、改建 21 世纪学习实验室、斥 10 亿美元招募 10 万教师。积极引入谷歌、微软、苹果等科技巨头进入教育市场，为教育数字化转型提供坚实的软硬件基础和良好的建设条件。发布《重塑技术在教育中的角色：为未来做准备的学习》，坚持应用信息通信技术提升和变革教育的立场，从学习、教学、领导力、评价和基础设施等五个领域全面推进美国教育信息化的发展，开展同、异步相结合的在线学习。

加拿大在联邦政府层面推出数字战略，培养数字公民，推动教育数字化改革。在联邦成立150周年前推出《数字加拿大计划150》，旨在通过互联互通、安全保护、经济机会、数字政府和强化内容等方面帮助加拿大抓住数字时代机遇，投入3.05亿加元，推动高速互联网等基础设施建设；制定《加拿大数字宪章计划》，为加快基础设施建设、提供更可靠和可负担的高速网络接入及优质在线教育资源提供蓝图；推出《数字化运营战略计划（2021—2024年）》，对数字政府建设做出进一步部署；发布《数字素养教育框架》，提出学生应具备的数字能力和数字素养，涵盖使用、理解和创造三个层次，每个层次均包含伦理与同情、隐私与安全、社区参与、数字健康、消费意识、搜索与确认、制作与合作七大能力。除联邦政府层面外，魁北克省政府2018年颁布《基础教育和高等教育数字行动计划》，麦吉尔大学、维多利亚大学、西安大略大学、西蒙菲莎大学等相继出台多项信息化战略规划。2022年，卑诗省高等教育与技术培训部出台《数字学习战略》，包含战略优先事项和行动建议、技术增强学习准则、高等教育数字素养框架及对卑诗省高等教育系统技术需求和能力的评估。随着越来越多的学校提供在线学习及学位，加拿大出现专门机构帮助协调和促进在线学习。不列颠哥伦比亚省BCcampus旨在评估新兴教育技术，支持开发在线课程、开放教科书和开放教育资源的基金管理，建立面向全世界开放的教育资源库。安大略省大学理事会负责管理省内培训和各高校用于开发在线课程与建设共享开放教育资源的基金。阿尔伯塔eCampus、曼尼托巴eCampus、安大略eCampus和Contact North是学生在线门户，省内大部分高等院校开设的课程都可以在这些门户网站上找到。多数省份都设立针对公立院校的学位质量保证委员会和针对私立院校的认证委员会，以保障教育教学质量。知名度较高的公立院校在批准课程与专业方面拥有很大的自主权，在线和远程课程的审批同样适用。

（五）南美洲

巴西近年来积极推进数字发展战略，其数字化程度不断提高，数字技术在各个领域的运用也日益增多，是南美洲推进高等教育数字化战略行动的代表性国家。发布《数字转型战略》，强调数字人才培养，推动价值创造，促进经济增长。2020年颁布《国家网络安全战略》，建议将基础网络安全教学纳入巴西教育课程，并鼓励创建与网络安全相关的大学项目和初创企业。实施“数字化加速计划”和“计算机普及计划”，提供远程学习平台和学习、掌握信息科学领域相关知识技能的机会，回收再利用电子产品，减少资源浪费，同时培养电脑技术方面人才。推行联网教育计划，聚焦数字化发展前景、数字技能培训、数字教育资源、数字化基础设施建设四个方面，通过线上建设教育平台、线下与高校合作的模式，培养学生计算思维能力，推动巴西教育数字化发展。重新修订《基础教育共同课程基准》，加入计算思维能力的培养要求；同时将职业技术教育作为教育数字化改革重点方向。建立第二个在线教育平台 AVAMEC，将人工智能教育、机器人、预防网络霸凌、创新创业等多方面课程纳入平台，为学生提供具有在线互动功能的虚拟学习环境。

（六）大洋洲

大洋洲在高等教育数字化方面的战略行动以澳大利亚、新西兰为代表，两国的教育数字化水平在全球位居前列，其教育信息基础设施和学生数字技能的水平都达到较高水准，这是与其政府颁布的一系列数字政策及实施的数字化战略密不可分的。

澳大利亚先后发布《教学、学习与计算机：全国咨询委员会关于学校计算机的报告》《教育与技术融合：关于教育技术基础设施和信息通信技术对教育工作者、培训人员专业发展与支持的调查》《网络世界中的学习：信息经济下的学校教育行动计划》《数字教育革命》《数字教育革命中期审查报告：评估进展及潜在的未来方向》等报告，积极开展教育数字化战略规划及行动，不断推进教育数字化转型。制定《数字素养战略框架》，提出未来世界需要学生全面掌握数字技能，形成包含协作、整合、创新等能力在内的信息素养。2019 年发布《数字敏捷度框架》，描绘学生为提升数字素养所需要具备的信息数字技术及需要享有的能力培养环境。2020 年发布《面向未来的基础技能》，进一步丰富数字技能标准框架。2021 年推出《数字经济战略 2030》，提出“2030 年建成领先的数字经济与社会”的愿景，围绕发展数字经济、建设新兴技术、设定数字增长优先事项等三大支柱，提出到 2030 年，所有澳大利亚人都将习得数字技能。与之相应，澳大利亚各地加快推进教育信息化。首都领地 2021 年推出“未来教育战略”第二阶段实施计划，旨在进一步支持首都领地学校通过现代化、循证式、以学生为中心的学习方法推进学习，扩大优质教育资源供给，以满足学生学习需求并支持教师开展卓越教学。

新西兰高度重视信息通信技术在教育中起到的基础性变革作用，积极将信息通信技术引入学校之中。陆续发布《数字化转型总体规划》《互动教育：学校的信息和交流科技策略》《信息通信技术专业发展计划》《数字视角：通过信息通信技术学习》《使 21 世纪学习者有能力：一项针对学校的网上学习行动计划（2006—2010 年）》《学生公平数字接入计划》等政策、规划和战略报告。2021 年发布《新西兰数字化战略》，提出让新西兰的人民、社区、教育、经济和环境在数字时代继续繁荣的愿景。该战略提出新西兰数字化的三个关键词即信任、包容和增长，并对每个关键词做出具体阐述，设立目标达成的判断依据，指出教育数字化转型的最终目标就是要建成信任、包容、增长的社会。推出《数字技能和人才计划》，为培养繁荣数字技术产业所需的技能，扩大教育途径开辟道路，为促进高等教育数字化人才培养提出具体措施，包括将数字学习作为新西兰课程的一部分内容，帮助大学生在科学、技术、工程、数学、创造性学科等方面取得成功；建立数字化设施培训与指导制度，调整培训内容与方式，提升教师使用信息技术资源的能力。推进数字化教学变革，为教师提供示范案例；加强职业院校与企业合作，用实际工作经验帮助学生成长；培养学生的数字素养和批判精神，培养终身学习的意识，以适应技术的快速更迭。

二、国际组织倡导推动高等教育数字化治理变革

为应对数字变革带来的全新挑战，国际组织积极凝聚各方力量，推进全球和区域高等教育数字化治理变革。其中，联合国系统所属国际组织，以联合国教科文组织为代表，以包容性、整合性全球治理引领高等教育数字化变革；非联合国系统政府间国际组织以多边治理下多样态合作积极推进全球高等教育数字化进程；非政府间国际组织以更广泛更深入的代表性和专业性促进全球和区域层面的高等教育数字化政策、研究与实践的协同发展。

（一）联合国系统国际组织

为加快实现《2030年可持续发展议程》中教育可持续发展目标，联合国系统所属国际组织基于以包容性、整合性为特征的全球治理，积极驱动和引领高等教育数字化变革。一是将政府部门、私营企业、咨询机构纳入合作网络，并以更广泛的公众参与团结行动力量，提升治理效能。二是通过发布发展战略规划、政策文件、行动倡议、研究报告等，探讨高等教育面临的风险与挑战，描绘未来发展愿景，凝聚全球共识。三是面向政策制定者、教师等群体，特别是发展中国家的重点人群，研制行动指南，提供技能“工具包”，实施能力建设项目，积极缩小“能力鸿沟”。四是开发教师与学生能力素养标准，将战略愿景具体化为评估工具，衡量师生数字化水平，指引师生数字素养发展。五是发起推动共建共享的数字化教与学资源平台建设，促进资源的规模化、可持续利用。

联合国教科文组织在世界高等教育数字化转型变革中发挥引领作用。一是作为

思想实验室，近年来，对标2030年可持续发展议程及其教育目标，通过发布研究报告、共识倡议、战略规划、指导原则等，积极促进并引领全球教育数字化战略行动；高度关注人工智能在教育领域中的运用，特别强调数据安全问题；为应对世纪疫情给高等教育带来的挑战，提出加强学习数据库建设、构建公平和有韧性的教育体系的倡议，相关文件见表1–2。2022年9月，由该组织牵头的联合国教育变革峰会，将教育数字化转型作为教育变革的五大议题之一，提出落实教育数字化转型的主要原则和实施建议。二是作为标准开发者，陆续发布全球数字素养框架、教师信息通信技术能力框架、教育决策者和管理者参考指南等标准工具，并基于这些工具开展评估，为推动不同主体数字素养提升提供参考，相关文件见表1–3。三是作为能力建设者，注重加强与会员国政府、科技创新企业等的合作，推进智慧教室创建、教师能力建设等相关项目，尤其关注非洲地区高等教育数字化能力建设。2022年，联合国教科文组织在《教育政策和总体规划中的信息通信技术指南》中提出高等教育数字化转型在教育机会、教育教学、合作创新、行政管理、社会服务五方面的目标及其相应行动方针，相关举措见表1–4。四是作为信息传播者，发起开放教育资源运动，发布《开放教育资源巴黎宣言》，提出开放教育资源建议书，共建开放教育资源大学；设立国际网络教育学院，组织多语种在线教育教学系列培训，发展国际网络教育，积极推进全球课程资源交流、传播和共享，相关举措见表1–5。五是作为国际合作促进者，发起成立全球教育联盟，合作设立教育二类机构和信托基金，推动高等教育资历全球互认，开展灵活学习途径研究国际项目，举办国际教育信息化大会、国际人工智能与教育大会等国际会议，推动高等教育数字化国际合作与开发援助，相关举措见表1–6。

表1–2　联合国教科文组织推动全球高等教育数字化发展并引领方向相关文件

维度	时间（年）	相关文件	高等教育数字化方面重点部署
指明全球教育数字化战略行动方向	2015	《教育2030行动框架》	对标联合国可持续发展目标4（SDG4），推动所有利益相关方围绕新的全球教育目标和具体目标采取行动，提出实施、资助和审核教育2030议程的全球性、区域性和国家性方法，保障为所有人提供平等的教育机会

续表

维度	时间（年）	相关文件	高等教育数字化方面重点部署
指明全球教育数字化战略行动方向	2020	《教育数字化转型：学校联通和学生赋能》	关注教育数字化联通，倡导加强国家基础设施建设，为学校提供安全可靠的互联网接入，为学习者提供高质量、包容的合适资源与平台
	2021	《一起重新构想我们的未来：为教育打造新的社会契约》	呼吁在全球范围内应开展教育数字化建设，提升公众数字素养，革新教育系统，以适应新的未来；呼吁全球重新团结起来开展国际合作，推进全球范围内的教育数字化转型
	2021	《关于教育连通性的重塑教育全球宣言》	为教育的数字化转型新方向提出三项核心原则，用于指导国际、国家和地方层面的努力，使技术成为以人为本的教育的助推器
	2022	《联合国教科文组织教育信息技术研究所中期战略（2022—2025 年）》	旨在应对包容和公平的教育数字化转型，实现可持续发展目标
	2022	《面向 2030 的高等教育新愿景》	描绘了全球高等教育现状与趋势，勾勒未来 10 年及以后高等教育机构的发展前景
为利用人工智能技术实现教育 2030 议程提供指导	2019	《北京共识——人工智能与教育》	提出各国要加强人工智能与教育的系统融合，开发人工智能工具以支持动态适应性学习过程；发掘数据潜能，支持学生综合能力的多维度评价；支持大规模远程评价
	2021	《引导高等教育的未来：成为面向所有人的有韧性的系统》	指出虚拟和增强现实技术拓宽了全球校园内和实验室内外可以做的事情的范围界限

续表

维度	时间（年）	相关文件	高等教育数字化方面重点部署
明确数字安全和隐私保护原则	2021	《人工智能伦理问题建议书》	提出人工智能健康发展的基本原则
	2022	《关于个人数据保护和隐私的原则》	强调在处理个人数据时，应努力采取高度负责、避免歧视和对性别敏感的方法
	2022	《关注数据：保护学习者的隐私和安全》	强调数据保护是一项基本人权，每个人享有免受他人任意干涉其隐私的权利（包括个人数据的使用）
积极应对世纪疫情对高等教育带来的挑战	2021	《全球教育危机现状：复苏之路》	监测和评估全球教育系统，提出促进学习数据库建设、构建公平和有韧性的教育体系的倡议

表 1–3　联合国教科文组织开发高等教育数字化标准并开展评估相关文件

维度	时间（年）	相关文件	高等教育数字化方面重点部署
提出面向学习者的全球数字素养框架	2018	《全球数字素养框架》	提出全新的数字素养评估方案和要求，包括 7 个素养领域的内容
持续更新教师数字能力和素养框架	2018	《教师信息通信技术能力框架（第 3 版）》	提出 18 项教师信息通信技术教育应用能力，为教师培训政策和方案的制定提供依据，促进信息技术教育创新应用
	2019	《教育中的人工智能：可持续发展的挑战与机遇》	提出人工智能时代教师需掌握的五项能力标准
	2019	《数字学习评估和大数据：对教师专业精神的影响》	指出基于大数据评估的教学的重要性日益增加，贯穿教师教学准备、教师教学过程、教师教学效果全流程

续表

维度	时间（年）	相关文件	高等教育数字化方面重点部署
开发并完善教育决策者和管理者参考指南	2019	《教育资源开放政策制定指南》	提供在不同背景下制定和实施开放教育资源政策的指导方针和系统方法，以实现联合国可持续发展目标 4（SDG4）的具体目标
	2021	《人工智能与教育：政策制定者指南》	培养教育领域具备人工智能素养的政策制定者，为各国政府、其他利益攸关方制定与宏观公共政策、教育政策有机配合的人工智能与教育政策提供支持

表 1–4　联合国教科文组织加强高等教育数字化能力建设相关举措

维度	时间（年）	高等教育数字化方面重点部署
加强合作，利用新兴技术推进教师能力建设	2019	联合国教科文组织高等教育创新中心携手巴基斯坦拉合尔工程技术大学、中国伟东云教育集团合作建立智慧教室，录制了超过 80 课时的教学内容，使用时间超过 700 个小时
	2021	联合国教科文组织教育信息技术研究所启动“利用人工智能和数字技术进行教师能力建设：教师电子图书馆”项目，倡导深入发展教育技术，推动全球教师能力建设，重视对学习者权利的保护。提供不同语种的开放教育资源，致力于搭建集聚全球教师资源中心、培训中心、交流中心和网络中心为一体的电子资源平台
重点聚焦非洲教师能力建设	2012	联合国教科文组织与中国政府设立联合国教科文组织—中国信托基金，帮助撒哈拉以南非洲国家提升教师培训质量，助力实现“增加发展中国家的合格教师数量”的可持续发展目标，覆盖 10 个国家 4700 多人
	2020	联合国教科文组织与中国、非洲国家联合召开新冠疫情期间和疫后支持非洲优先高级别对话会，中国政府协调一批公共和社会教育资源，通过联合国教科文组织平台或双边方式，为非洲国家免费提供优质远程教育平台和课程资源，支持非洲教师能力建设和人才培养

续表

维度	时间（年）	高等教育数字化方面重点部署
重点聚焦非洲教师能力建设	2020	联合国教科文组织非洲能力建设研究所、教育信息技术研究所、国际农村教育研究与培训中心，中国北京师范大学和国家开放大学开发“非洲教师在线和远程学习课程”，通过国际远程教育前沿理念与适合非洲地区的最佳案例，帮助非洲教师掌握远程教学评估技术和方法，利用现有设备和条件开展远程教学活动

表 1–5　联合国教科文组织促进高等教育数字化信息传播和资源共享相关举措

维度	时间（年）	高等教育数字化方面重点部署
发起开放教育资源运动	2002	发起开放教育资源运动，积极推进开放教育发展
	2012	发布《开放教育资源巴黎宣言》，与英联邦学习共同体共建开放教育资源大学，为全球学生提供免费的教育资源与在线课程，开展跨国跨地区的学分认证
	2019	通过关于开放教育资源的建议书，提出五项目标
建设国际网络教育学院	2019	联合国教科文组织高等教育创新中心与亚非 11 所伙伴院校、4 所中国高校及 8 家高科技企业共同发起设立国际网络教育学院
	2020	国际网络教育学院组织了包含多个语种的在线教育教学系列培训，为全球 46 国 307 所高校与政府机构的 2100 多名高校教师提供抗疫教学能力专题培训

表 1–6　联合国教科文组织推动并引领高等教育数字化国际合作相关举措

维度	时间（年）	高等教育数字化方面重点部署
发起成立全球教育联盟	2020	联合国教科文组织联合国际劳工组织、联合国儿童基金会等多个国际组织发起成立全球教育联盟，以支持各国推广应用最佳远程学习方案，全力确保疫情期间学生“停课不停学”

续表

维度	时间（年）	高等教育数字化方面重点部署
设立二类机构和信托基金	2015	联合国教科文组织第38届大会批准在中国深圳设立高等教育创新中心
	2015	联合国教科文组织与中国深圳市人民政府签署《关于支持联合国教科文组织在亚洲和非洲高等教育活动的信托基金框架协议》，宣布2017年启动联合国教科文组织—深圳信托基金非洲项目
	2020	联合国教科文组织高等教育创新中心召开国际网络教育学院全球合作伙伴在线研讨会，积极服务发展中国家高校数字化转型
推动高等教育资历全球互认	2021	联合国教科文组织高等教育创新中心依托深圳信托基金项目，为非洲10国开发相应的质量评估工具，促进对高等教育学位证书、学习项目等的资格互认
开展灵活学习途径研究国际项目	2018	联合国教科文组织国际教育规划研究所启动学习途径研究项目，就如何建立灵活的学习途径向教育部门提供知识服务及基于证据的政策建议，并给出实施灵活的学习途径的政策和实践选项
	2021	联合国教科文组织国际教育规划研究所组织在线国际政策论坛，讨论如何提高FLP的有效性，以支持学生在高等教育中的灵活性
	2022	联合国教科文组织拉美和加勒比地区国际高等教育研究所发布《动态思维：后疫情时代虚拟学生流动的机遇与挑战》，评估“虚拟学生流动”项目

国际电信联盟（ITU）认为，在日益数字化的世界，信息通信技术发挥着促进各国实现可持续发展目标的助推器作用，强调应培养具有先进数字技能的人员适应全球未来发展。为此，国际电信联盟积极采取措施，推进世界高等教育数字化转型。一是发布数字化建设发展、数字化技术转型倡议。借助每年5月17日的世界电信和信息社会日活动，国际电信联盟为各国政府和利益相关者提供丰富的战略指导与技术援助。国际电信联盟近五年世界电信和信息社会日主题详见表1-7。2020

年，国际电信联盟将世界电信和信息社会日主题定为“连通目标 2030：利用 ICT 促进可持续发展目标的实现”，旨在为 ICT 行业发展提出共同的全球愿景。2021 年，国际电信联盟将世界电信和信息社会日的主题定为“在充满挑战的时代加速数字化转型”，强调数字技术维系着数十亿人的生活、工作、健康和学习，企业、政府和数字社区都需要谋求进一步的加速转型。此外，国际电信联盟与联合国教科文组织、联合国儿童基金会于 2020 年 9 月联合发布《教育数字化转型：学校联通，学生赋能》，关注教育的数字化联通，并与联合国儿童基金会发起 GIGA 倡议，致力于学校间的互联网互通。二是尝试研制全球范围内统一的数字技能标准，为世界各国提供技术保障。2020 年 6 月，国际电信联盟推出《数字技能评估指南》，为世界各国提供了一份全面、实用的国家数字技能评估工具。该指南梳理了世界上已有的数字技能类型、水平、框架，并从自我评估、基于知识的评估、基于应用的评估三个方面总结数字技能评估方式，为高等教育数字技能评估提供参考。国际电信联盟强调，在新冠疫情背景下，解决各国数字技能差距问题的迫切性尤为明显，指南将帮助各国特别是发展中国家开展国家数字技能评估，以确定其当前的数字技能水平及当前和未来的数字技能要求。2022 年 4 月，国际电信联盟进一步宣布新目标，即 2030 年实现普遍和有意义的数字连接，所有家庭都可以上网，所有学校都能够联网。三是为部分国家开发数字技能工具包，弥补全球数字化鸿沟，为青年提供包括数字创业、数字化商业、自由职业等在内的更多样的就业途径。作为对“青年体面就业”支持的一部分，国际电信联盟提供的数字技能工具包，以其方便性、实用性、多样性和来自全球的经验基础，为接受高等教育的青年培养中级和更高级的数字技能，以及以计算思维、数据素养为代表的新兴能力。

表 1–7　国际电信联盟近五年世界电信和信息社会日主题

年份	主题
2018	推动人工智能的正当使用，造福全人类
2019	缩小标准化工作差距
2020	连通目标 2030：利用 ICT 促进可持续发展目标（SDG）实现
2021	在充满挑战的时代加速数字化转型
2022	面向老年人和实现健康老龄化的数字技术

世界银行十分重视全球高等教育的数字化转型，强调推动智能技术在高等教育中的应用，发起教学能力项目，投资各国基础设施建设，从多个方面引导和帮助各

国开展高等教育数字化战略行动。一是推动创新应用，强调利用人工智能提升高等教育韧性，推动智能技术在教学和教育管理中的应用。2021 年，世界银行发布研究报告《引导高等教育的未来：成为面向所有人的有韧性的系统》，指出虚拟和增强现实技术拓宽了全球校园内和实验室内外可做事情的范围与界限，学生通过访问虚拟和增强现实空间，可以沉浸在真实的学习情境中；与此同时，每个数字系统都面临网络安全威胁，对网络安全的评估投资能够在一定程度上加强系统韧性，如在网络攻击发生之前找到并解决系统中的漏洞。二是整合多方资源，指引教师数字能力建设，发起高等教育数字化行动项目，帮助大学进行数字化转型。2022 年 6 月，世界银行发布《构建有效的小组培训技术指导说明》，提出在组织小组培训时需要关注：有效的小组培训课程需要提供促进教师学习的理论和实践资源；携手国际金融公司启动高等教育数字化项目（D4TEP），为大学提供一套定制工具，用于制定数字化转型战略和路线图，如学习如何整合系统和自动化后台流程、丰富学生的数字化教育体验等。三是提供资金支持，投资建设基础设施，为多国高等教育数字化战略行动提供基础保障。2021 年 6 月，世界银行宣布向乌干达提供 2 亿美元，资助该国扩大高速互联网连接，提高数字化公共服务效率。同年 9 月，世界银行批准为喀麦隆数字化转型加速项目提供 1 亿美元资金，以扩大喀麦隆农村地区高速网络的覆盖区域和范围，营造安全和可持续发展的有利环境。2022 年 5 月，世界银行批准 2 亿美元用于支持加纳加速数字化转型。

世界知识产权组织积极构建联合国部门和机构之间的伙伴关系，发起高等教育可持续发展倡议（HESI），为实现可持续发展目标做贡献。2022 年，产权组织在美国主办“将可持续发展目标融入高等教育”网络研讨会，召集全球高等教育专家研讨将可持续发展目标融入高等教育的教学、研究等，强调在新冠疫情下高等教育要推进 2030 年可持续发展议程。

（二）非联合国系统政府间国际组织

非联合国系统政府间国际组织是推动全球数字化发展的重要力量，其高等教育数字化战略行动呈现出以服务各组织使命为目标、在多重多边治理中交织推进的特征。一是重视发挥高等教育数字化对于经济发展、教育文化交流、区域一体化等各组织关切方面的积极作用。二是致力于缩小成员体之间高等教育数字化发展差距，有针对性地确立治理重点与合作形式。三是重视保障和激励机制设计，推动数字素养、数字公共教育服务、数字基础设施等方面的协同建设。四是多重多边合作形成复杂治理场域，在全球教育数字化进程中释放叠加效应。

二十国集团积极呼吁通过高等教育数字化与科研实现经济复苏。2021 年，二十国集团高等教育与研究部长会议呼吁充分发挥科研、高等教育和数字化的作用，努力实现具有韧性、可持续性和包容性的经济复苏。2022 年，二十国集团教育部长会议倡议共同引领教育数字化转型，促进优质数字教育资源共享共建，推动教育生态、学校形态、教学方式变革，合力推进教育数字化转型和绿色转型。

金砖国家主要通过促进各国大学及学生之间交流与对话，运用数字技术促进教育公平、加强学术研究合作，鼓励成员国加强交流共治、携手拥抱数字化转型、推进高等教育数字化战略行动。2020 年，金砖国家领导人第十二次会晤通过《莫斯科宣言》，其中第 94 条强调金砖国家高等教育合作要关注各国大学以及学生之间的交流与对话，将网络和数字化平台应用到合作进程中，紧跟当今高等教育国际化的发展趋势与需要。2021 年，金砖国家领导人第十三次会晤通过《新德里宣言》，其中第 42 条强调在疫情下运用数字化解决方案确保包容与公平的优质教育、加强研究和学术合作的至关重要性。2022 年 6 月，金砖国家领导人第十四次会晤通过《北京宣言》，其中第 65 条重申通过加强金砖国家网络大学和金砖国家大学联盟合作促进可持续发展教育的重要性。7 月，以“金砖国家携手拥抱数字化转型”为主题的论坛提出要加强交流合作与多边共治，挖掘培育产业数字化转型的典型应用场景和解决方案。

上海合作组织 2020 年举办“新环境下教育数字化转型：伟东的愿景与实践”网络研讨会，介绍了伟东云教育数字化转型解决方案，包括提供基础设施、数字设备、学习管理信息系统平台、师资及内容培训等全方位服务，以帮助各国学生通过远程在线学习，实现“停课不停学”。

亚太经济合作组织强调要将数字技术纳入教育进程。2020 年，亚太经济合作组织第九届高等教育合作会议以“数字教育时代：亚太经济合作组织的多边合作途径与挑战”为主题，强调第四次工业革命为数字技术带来了新的进步，提出将数字技术纳入教育进程的更高优先地位势在必行。超自动化在教育数字化转型中发挥重要作用。2022 年，亚太经济合作组织第三次高官会议提出，超自动化是实现教育数字化转型目标的必要手段，以人工智能、机器学习、流程挖掘等多种智能技术融合创新的人机协同课堂将成为未来课堂的主要形式。

中国—阿拉伯国家合作论坛 2020 年 7 月第九届部长级会议发表《中国—阿拉伯国家合作论坛行动执行计划（2020—2022 年）》，提出继续加强教育和科研领域合作，鼓励双方教育和研究机构之间的交流。

经济合作与发展组织不仅关注数字创新如何赋能教育、如何改变教与学的方式，而且重视教育数字化对填补数字技能鸿沟和在经济增长中的作用，发布一系列报告驱动并引领高等教育数字化进程，在全球范围内产生积极影响。《技能展望2019：在数字世界中蓬勃发展》报告强调，教育数字化政策应该是全面而系统的，需要分别从数字世界中的工作技能、面向数字社会的技能以及在数字环境中学习的技能三个方面，系统进行政策干预，并提出了各级各类数字化转型的战略要点。《OECD 2030 学习框架》强调和明确数字素养内涵：不仅涉及人工智能、区块链等关键概念的知识，还包括编程等应用数字技术及设备的能力和运用算法、编码等解决问题的思维方式，以及与沟通、协作、批判性、创造性等相关的社会情感能力。基于对数字素养的各项研究，通过国际成人技能调查（PIAAC）、国际学生评估项目（PISA）等大规模国际评估项目来监测成人和学生的数字化能力。经济合作与发展组织高等教育数字化相关文件见表 1–8。

表 1–8 经济合作与发展组织高等教育数字化相关文件

时间（年）	相关文件	高等教育数字化方面重点部署
2015	《学生、计算机和学习——建立连接》	指出信息通信技术尚未在学校教育中得到广泛应用
2016	《创新教育与教育创新：数字技术和技能的力量》	提出应构造数字技术支持下的教育创新发展体系
2017	《经合组织创新学习环境手册》	强调数字技术在创新学习环境中起到不可或缺的作用
2018	《面向未来的教学——改革教育的有效课堂实践》	指出教育系统正在探索将信息通信技术融入学习环境的有效方法
2018	《作为学习环境设计者的教师：创新教学法的重要性》	强调线上线下相结合是创新教学实践的趋势之一，要求教师通过智能讲义、个性化资源推送实现因材施教
2019	《技能展望 2019——在数字世界中蓬勃发展》	提出国家应该意识到技术推动教育大规模发展的潜力，需要通过教育数字化促进社会蓬勃发展
2019	《教育政策展望 2019——携手帮助学生发挥潜能》	提出教育系统中不同层次的政策战略应该致力于提高教师在教学中使用技术的能力、监管部门监督整个教育系统的能力等

续表

时间（年）	相关文件	高等教育数字化方面重点部署
2020	《为高等教育提供资源——挑战、选择和结果》	指出教育数字化可以提高学习和教学的效率，有利于学生多元化以及终身学习等；鼓励各国政府为数字化举措提供有针对性的资源
2020	《回到教育未来——经合组织的四种学校教育情景》	提出在未来学校教育的个性化、多元化、开放化情景中，数字技术扮演重要角色
2020	《新冠疫情下的教育启示——帮助建立更有弹性系统的决策者手册》	提到在更有韧性的教育系统中，教育者需要提高数字技能，使教学能够在更多样的情境下进行
2021	《数字教育展望 2021——用人工智能、区块链和机器人推动前沿》	强调将教师获取数字资源的能力作为其专业实践能力之一；建议对数据保护和算法监督采取风险管理方法，在承担风险和数据敏感性之间取得适当的平衡
2021	《教育政策展望 2021——在变化的世界中塑造响应性和弹性教育》	强调应通过信息基础设施形成一个有韧性的教育系统，以收集、传播和使用学生的学习信息，识别学生学习过程中的进展，并将学生的潜力与劳动力市场需求等联系起来
2022	《塑造教育的趋势 2022》	表示数字化和人工智能有望通过个性化的教与学来支持发展高质量的教育

亚欧教育部长会议 2021 年发布《2030 年亚欧教育战略和行动计划》，为亚欧各国加强区域间教育合作提出行动指南，强调要应用新的数字技术保持更广泛的沟通，适应新科技带来的科研合作模式转型。

中国—中东欧国家合作机制 2021 年 12 月举办中国与中东欧国家智慧教育论坛，探讨未来继续合作的建设计划。中国提出将联合更多中东欧国家，推进各国教育数字化转型。

七十七国集团设立南方科学、技术和创新联盟，制定一系列与高等教育数字化战略行动有关的策略，以增强科学研究的沟通交流和科研成果的传播，包括关注科学技术研究机构联网机制，利用数字技术加强对大学和研究机构研究成果的传播等。

环印度洋联盟通过研制具体实施方案推动联盟成员国高等教育数字化战略行动。该联盟成员国制定《环印度洋联盟行动计划（2017—2021 年）》，其中包括高等教育数字化具体实施方案，如创建成员国认可的高等教育机构数据库、加强与印度洋大学的合作、通过信息和知识共享加强印度洋沿岸学术团体建设等。后续将通过在政府主导的多边平台上分享知识、做法以及经验，建立一个各成员国共同认可的可持续发展议程，以加强成员国之间的学术科研合作。

东盟 2022 年发布《2025 年东盟高等教育空间路线图》，提出建设有韧性、可持续的东盟高等教育空间。同年，第三届中国—东盟教育部长圆桌会议通过《共建友好家园——中国东盟教育合作发展愿景与行动（2020—2030 年）》，提出加强数字战略对接，推动成立数字教育发展联盟，促进数字教育资源共享，推进在数字教育标准制定、网络数字空间治理等方面的合作。

东南亚教育部长组织 2021 年大会强调培养青年数字技能的重要性，以确保他们获得平等的教育和就业机会；重点探讨高等教育数字化转型，提出通过创设灵活的教育环境、提供更加强调包容和交互的教育来帮助学校适应数字化转型的变革；认为在线—合并—离线（OMO）学习模式有望成为主流。

非盟 2016 年发布《非洲大陆教育战略（2016—2025 年）》，提出借助信息通信技术和在线课程提供创新性培训的高等教育发展目标。《非洲数字转型战略（2020—2030 年）》从加强数字化技术教育、促进数字化技术应用、提高公众认识三个方面对实现数字技术与教育的融合提出政策建议，包括在小学、中学、大学和职业培训中推行数字化教育、加强职前教师和在职教师的技术培训、对提供技术培训的机构进行认证等。新冠疫情暴发后，《非洲数字化教学政策指南》提出 DOTSS（Digital connectivity，Online and offline learning，Teachers as facilitators and motivators of learning，Safety online and in schools and Skills focused learning）数字化教学措施，从数字技术连接、在线和离线学习、教师作为促进和推动者、线上教育安全和以技能为中心的学习五个方面阐述非洲数字化教学的发展方向。

欧盟作为较早关注高等教育数字化的组织，积极为教育领域中数字化运用提出标准与框架，引领欧洲高等教育数字化战略行动进程。在战略规划方面，欧盟《数字教育行动计划（2021—2027 年）》以“建立适应数字化时代发展的教育和培训系统，实现数字教育更有效、可持续和公平的发展”为目标，将发展高绩效的数字教育生态系统和提高数字化转型的技能作为战略行动重点，制订了 14 项具体行动计划，并建立欧洲数字教育中心，加强欧盟层面的数字教育合作交流。在数字基础设施建设方面，2022 年发布的《重新思考数字时代的教育》提出为高校正式学习空间配置虚拟现实装备、语音助手、人工智能助教等高配备设施，助力教师更好地开展线上教学与跨学科教学。在数字化能力建设方面，欧盟为各级各类教育工作者制定《教育者数字能力框架》，明确教育工作者需要具备多维度能力；为教师开发了在线自评工具，帮助教师正确认识自身数字能力方面的优势与不足。在数字化资源建设方面，欧盟部署了大量应用程序、平台、软件，以加强和改进教育培训工作：开发 Go-Lab 应用程序，方便教师使用在线实验室进行研究性学习，并创建定制的研究性学习空间；设立欧洲创新技术研究所（EIT），为高等教育学习者提供高质量在线学习的访问资源。欧盟高等教育数字化战略行动相关举措见表 1–9。

表 1–9　欧盟高等教育数字化战略行动相关举措

时间（年）	相关举措	高等教育数字化方面重点部署
2013	发布《欧盟数字能力框架》	提出指标详尽、分类清晰、能力等级划分明确、可操作性强的框架，为评估数字素养提供了具体目标导向
2016	开展大数据伦理调查	提出了多角度的数据治理举措，针对高等教育人群设计教育计划，培养学生的数据伦理意识
2017	发布《教育工作者数字能力框架》	提出欧洲教育工作者数字能力框架，为欧盟各成员国和地区提供可以引用的共同框架，增强教师的数字能力
2018	发布《数字教育行动计划（2018—2020 年）》	提出在教学中更好地利用数字技术、开发人们的数字能力和技能、通过更好的数据分析和预测来改进教育等三大优先发展领域
2020	发布《数字教育行动计划（2021—2027 年）》	提出促进高性能数字教育生态系统发展，提高全民数字素养和应对数字化转型的能力
2022	发布《高等教育数字与在线学习的未来》	强调教师应主动使用数字技术设计课程并辅助教学，以迎接人工智能、虚拟现实和增强现实等新兴技术的出现带来的挑战
2022	发布《重新思考数字时代的教育》	提出为高校正式学习空间配置虚拟现实装备、语音助手、人工智能助教等高配备设施，助力教师更好地开展线上教学与跨学科教学

阿盟下属阿拉伯经济统一委员会 2020 年发布《阿拉伯数字经济愿景：迈向可持续、包容和安全的数字未来》，提出阿拉伯数字经济未来十年愿景及路线图和总

体框架。其中，牵头高等教育数字化转型的现代阿拉伯电子大学在总体框架指导下重点推进六大项目：创建阿拉伯 ICT 奖学金；搭建全阿拉伯数字高等教育平台；成立阿拉伯科技大学联盟；与大学合作开发信息通信技术课程；推进高科技课堂创新技术开放应用；建设点对点学习平台。

（三）非政府间全球性国际组织

非政府间全球性国际组织充分发挥专业性、多元化、灵活性的优势，通过推出战略规划、开发专业标准、发布研究报告、组织多样活动，在高等教育数字化的发展战略与行动实践、学界学者与社会大众之间搭建了全球平台与桥梁。

国际开放与远程教育协会理事会发布《战略发展规划（2017—2020 年）》，明确促进高等教育走向高质量、开放、灵活、数字化的发展目标，为全球开放与远程教育的发展指明方向；提出协会将适应全球化和数字化社会的需求，巩固并整合教育资源，进一步推动学习分析、大数据应用等领域的合作、研究与知识共享。2020 年又启动《战略发展规划（2021—2024 年）》，提出四大战略目标，其中之一是将教育质量、开放教育资源、教育创新作为优先发展事项，最大限度地发挥协会的作用；策略包括通过新技术提高协会成员对开放、灵活的远程学习领域相关活动的参与度等。

国际教育技术协会（ISTE）发布学生标准，提出学生应具备的技能和素质，以确保他们能够融入当今这个数字互联的世界，并在其中健康成长；强调应培养学生成为被赋能的学习者、数字公民、知识的构建者、有创新意识的设计者、有计算思维的人、有效的传播者和全球合作者。

全球学习联盟携手其他高等教育机构，开发针对微型证书学习者的综合记录规范（CLR），为不同体制的学术机构和单位提供有关学习成就和资质认证的相关支持，从而有助于解决微型证书的认证效力与质量问题。这一规范得到美国大学注册和招生官协会的批准，已在美国马里兰大学进行试点。

国际大学协会 2020 年发布《数字化世界中的高等教育转型：为全球共同利益服务》，号召为了全球共同利益，应对高等教育进行以人为本、符合伦理、具有包容性和成效性的数字化转型；呼吁高等教育必须考虑当地需求和全球发展，让学生为终身学习做好准备；提出加强世界各地高等教育机构的知识交流，并支持弱势群体。

世界慕课与在线教育联盟 2020 年由中国清华大学发起成立，携手联合国教科文组织信息技术研究所举办世界慕课大会，发布《慕课发展北京宣言》；2021 年联手亚洲大学联盟启动在线教育领导力项目，推动高等教育数字化迈向更加综合、更为创新、更有韧性；以“一起向未来——引领新数字时代高等教育创新”为主题，举办 2021 世界慕课与在线教育大会，搭建全球慕课与在线教育发展交流与互鉴的平台；基于联合国可持续发展目标 4（SDG4），发起 2021 全球慕课挑战赛，设立“教育公平”与“终身学习”两个赛道，整合开发相关在线学习资源，组织全球学生开展学习与合作实践，共有来自全球的 6725 名学生参与比赛。

（四）非政府间地区性国际组织

非政府间地区性国际组织，主要通过研发通用性微证书框架、举行研讨会议等多种方式，积极驱动并引领区域高等教育数字化战略行动。

欧洲慕课联盟 2019 年发布通用微证书共同框架，为欧洲各国提供以慕课为基础的高等教育认证整体标准框架，为所有新的微证书制定了课时总数、学力水平、总结性评估、通用微证书框架的平台验证、成绩单包含内容、课程设计、实践环节等通用标准，为欧盟成员国终身学习成果的认证和累积提供了新途径和保障。

亚洲开放大学协会 2021 年在斯里兰卡举行第 34 届年会，以“开放思想，拥抱可持续性未来——重新定位开放远程教育以应对挑战”为主题，举办“通过终身学习促进可持续性发展”“基于智能技术，创新开放远程教育新思路”“开放知识运动对开放远程教育的影响”“开放远程教育中学习者参与和动机：挑战和可能性”“开放远程教育中教育可持续发展最佳实践”“开放远程教育中的学习分析：潜力和挑战”等平行论坛，旨在促进亚洲各国远程教育发展，推动高等教育数字化全面转型。

三、世界高等教育数字化行动共识

通过对高等教育数字化全球态势的梳理，我们可以看出，数字化已成为众多国家推进高等教育高质量、可持续发展的战略支撑和必由之路。尽管各国各有战略侧重、发展特点不一，但仍然可以从全球态势中感知出一系列的行动共识。

（一）深化系统变革，塑造包容公平有韧性的教育生态

在科技革命加速演进、全球人才竞争加剧的背景下，传统的高等教育模式已难以适应新时代教育目标，而数字化具有无限可能，将有力塑造高等教育新形态，深入推进教育理念、学校形态、育人方式、教学手段、管理与保障机制等多维度改革创新，为学习者在迅速变化的世界中学习知识、掌握技能、塑造价值等方面提供更有效的支持。

促进教育公平。许多国家充分发挥现代信息技术互联互通、开放共享的优势，

推进优质教育资源共建共享，为偏远、贫困地区提供更多学习机会与资源，推进建立“人人皆学、处处能学、时时可学”的教育生态。中国2020年发布《慕课发展北京宣言》，提出确保信息技术能在各个国家和地区，尤其是在发展中国家和欠发达地区的高校得到广泛应用；2021年实施“慕课西部行计划2.0”，加强优质资源共享，缩小区域差距，有力推进了教育公平。巴基斯坦启动信息通信技术嵌入高等教育的行动战略，强调以智慧教育推进教育公平。

创新育人方式与教学手段。数字技术与教育教学的深度融合，推进了育人方式与教学手段的改革创新，“以学生为中心”的育人理念进一步得到落实，发展线上与线下相结合、实体与虚拟相结合等混合教学方式成为高等教育改革发展的重心。中国变革传统教学模式，推进新技术与教育教学的深度融合，创新混合式教学模式。俄罗斯提出高校课程开发要“以学生为中心”，采取模块化与个性化形式的课程模式。新加坡教师尝试人机协同课堂教学的混合新模式，利用人工智能技术从课程内容、学习资源、教学过程等方面进行数据采集、分析和应用。

推进新型办学模式构建。融合数字技术的新型办学模式，能够打破传统校园、班级、课堂、学期等时空局限，为招生方式、教学模式、学习方式等带来根本性变化。许多国家开始探索实施无校区办学、多校区协同办学、开放式大学等新型办学模式。

加快推动传统管理向现代治理转型。数字技术深度改变传统教育管理模式与质量保障机制，管理与决策方式由以流程为主的传统线性范式逐渐向以数据为中心的扁平化范式转变；教学质量监测与评价立足大数据、人工智能，由经验驱动向数据驱动转变。中国推进教育治理方式变革，加快形成现代化的教育管理与监测体系；建立国家层面的“高等教育质量监测国家数据平台”，对全国高校教育教学质量开展常态监测与分析评估。德国实施“人工智能校园”项目，提出以人工智能技术强化数据监测与数据分析，实现有保障的数据使用与教学质量评估。俄罗斯2021年提出建立教育机构的数字管理系统，教育评估不再基于学校的报告，而是基于数字管理系统的数据。

（二）升级基础设施，夯实教育数字化转型的支撑体系

数字基础设施建设进入快车道。数字技术应用依赖于坚实的数字基础设施建设。在教育数字化潮流下，全球基础设施建设驶入快车道，信息网络、教学设备、公共服务平台、创新应用等基础设施的建设和升级是保障新时期高等教育韧性、推动教育数字化的底座。英国推进高等教育教学数字化转型七大战略行动，首先就是建设良好的数字基础设施。美国积极鼓励谷歌、微软、苹果等科技巨头企业进入教

育市场，为教育数字化提供软硬件建设条件与技术支持。俄罗斯推进数字基础设施升级改造，计划到 2030 年实现基础设施建设达到“数字成熟度”指标。

信息网络的连接是高校保障教育数字化顺利开展的必要条件。中国“宽带网络校校通”实现提速增智，所有学校全部接入互联网，带宽满足信息化教学需求，无线校园和智能设备应用逐步普及；提出提升教育信息化基础设施建设水平，构建高质量教育支撑体系，并重点从优化网络基础设施与升级校园基础设施两大方面推进。全球学习委员会发布《高等教育数字化转型 2021》，强调尽管当前个人互联网接入存在不平等的现象，但高等教育机构可建立访问与平等机制，以改进互联网接入问题。

高性能、全覆盖的新型教学设备是高校推进教学模式改革创新的重要因素。亚欧会议成立数字教育专家组，出台《数字联通：促进数字时代欧亚教育合作》工作文件，提出所有学生和教育工作者都需获得具有包容性的数字学习设备，以确保有不同学习需求的学生获得数字资源。南非通过实验室翻新、设备升级与信息通信技术升级，确保学生能够获得所需的信息工具，并在适宜的环境中学习。

稳定与可获取的公共服务平台为利益相关者提供平等学习与研究的机会。越来越多的国家推出国家公共服务平台，如中国的国家高等教育智慧教育平台、埃及的埃及知识库、巴西的 AVAMEC 在线教育平台，等等。

科技与教育的双向赋能正在推进智能技术在教育领域中的创新应用。德国使用虚拟现实技术开发智慧教育创新应用 Stadt-Land-DatenFluss，韩国推出学习管理系统 e-Hakseupteo，哥伦比亚建设了国家高等教育信息系统 SNIES，等等。

（三）创新教学模式，引领科技赋能的课堂革命

数字技术赋能教与学是教育数字化的重要应用场景。传统教学方式已不能适应数字时代学生个性化发展需求。随着智能技术与教育教学深度融合，高等教育教学方式正在发生深刻转变，催生了多种新型教学模式，为学生提供沉浸式、交互式、个性化的学习体验。

线上线下混合式教学将在线教学与传统课堂教学的优势相结合，促进学习者从浅层学习走向深度学习。从全球范围来看，当前线上线下混合式教学已逐渐成为常态。巴基斯坦为推进混合式教学，致力于建设智慧教室，支持多媒体教学、本土化课件制作、跨校区资源共享、学情智能分析、教学综合管理等，以满足高等教育数字化的基本需求。

人工智能作为课堂教学的新型“教师”，助力形成一种新的人机协同课堂教学模式。新加坡要求教师认清自身角色转变，尝试人机协同课堂教学模式，利用人工

智能技术从课程内容、学习资源、教学过程等方面进行数据采集、分析与应用，为不同学业水平的学生推荐个性化作业，实现不同水平学生的均衡发展。

沉浸式虚拟教学创设情境性、趣味化的教学环境，为学习者提供全新课堂交互体验，激发学生学习兴趣，促进有效学习发生。世界银行指出，虚拟与增强现实技术拓宽了学校与实验室范围，学生可通过虚拟与增强现实技术，沉浸于真实的学习情境。

（四）优化支持服务，满足个性化终身学习需求

教育数字化带来的变革和无限的可能，为学习者开展个性化学习、终身化学习提供了更加有利的环境与条件，同时也为优质在线教育资源供给、在线学习平台建设、学习成果质量认证等带来新的需求与新的挑战。

建设高质量数字化教学资源与平台。教学模式的变革、个性化学习与终身学习需求，迫切需要更加优质的在线教育资源与在线学习平台，为学习者提供更高质量的学习内容与更多元的选择空间。中国提出打造 3000 门国家精品在线开放课程的建设目标，推出国家高等教育智慧教育平台，成为全球课程规模最大、门类最全、用户最多的公共服务平台。美国布局在线课程建设，相继建立 edX、Coursera 与 Udacity 三大慕课平台。德国自 2021 年起着手建立国家教育平台 NEP，推进已有平台与新建平台的互联互通，促进建成一个面向全国的国家级平台。韩国推出国家官方慕课平台 K-MOOC，为学习者提供由一流高校推出的高质量慕课学习机会。

建立适应数字化学习的质量认证与学分互认体系。数字化教学模式可以解除学生学校、地域、层级等标签，实现选课和学习自由，但也对传统学习评价体系带来新挑战。为此，各国纷纷推出微认证、微证书等新模式，以满足学习者对学习质量认可的需求。中国 2022 年发布《关于加强普通高等学校在线开放课程教学管理的若干意见》，针对在线开放课程质量、学分认定等进一步提出明确要求。新西兰 2018 年正式认可微证书成为其规范教育和培训体系的一部分，是最早将微证书纳入其学历认证框架的国家之一。马来西亚出台《慕课学分转换指南》，学习者通过慕课学习可获得相应学分。

（五）提升数字能力，激发教育信息技术应用的潜能

以互联网、大数据、人工智能等为代表的新一代信息技术，正驱动人类社会快速进入以数字化应用为基础的智能时代。为适应数字改革，更好应对快速变化的世界，以数字能力为核心的师生能力培养是全球教育数字化战略行动的重要目标。

提升学习者数字能力。帮助学习者了解数字化学习方式、使用数字化学习工

具、形成数字化学习思维成为重要的学习需求。世界各国政府部门与高校对学生数字能力培养发挥着重要作用，包括政策制定、资源配置、加强培训、课程改革与建立学生数字能力评估体系等。中国出台《高等学校人工智能创新行动计划》《提升全民数字素养与技能行动纲要》等政策文件，多措并举提升全民数字素养与技能。欧盟 2022 年更新“公民数字能力框架”，旨在更好地推进数字技术在终身学习中的应用与创新。英国南安普顿大学联合 E-language 开发了一套数字素养在线测评工具，基于 Web 2.0 技术，以在线互动的方式指导实施数字素养测评。

夯实高校教师及管理者数字能力。世界各国与国际组织对教师数字能力结构进行了深入研究，构建了一系列教师数字能力标准与框架。高校教师与管理者通过掌握数字化教学、管理与科研工具，推动高等教育变革。虽然世界各国与国际组织对教师数字能力的关注点不同，但总体来说，提升教师信息技术应用能力、探索技术支持的研修模式是其共同的着力点。联合国教科文组织教育信息技术研究所发布“利用人工智能与数字技术进行教师能力建设：教师电子图书馆”项目，推动全球教师能力建设，为教育工作者提供了先进的数字资源与基于人工智能的能力提升解决方案。俄罗斯大力推进教师数字能力提升培训，鼓励教师在实际工作中积极运用信息技术，加强教师继续教育在线学习平台建设，通过教师继续教育培训与国家创新项目促进教师教育教学理念创新。

（六）完善保障机制，打造教育提质增效智能化助推器

教学评价与教育质量是教育教学改革创新的核心落脚点。各国紧紧围绕高等教育数字化特征，通过多种方式为持续提升数字化教育教学质量提供有力保障。

深度融合现代信息技术，构筑多维度新型教学质量保障体系。英国慕课平台 FutureLearn 与学习平台 OpenLearn 从战略管理、开放资源开发、课程设计、课程运行、教师支持、学习支持等环节对开放教育资源开展多种形式的质量评估。

重视教学质量数据监测与分析，建立国家、区域、地市、学校等多层次质量数据监测与分析平台，推动教育决策由经验驱动向数据驱动转变。英国联合信息系统委员会强调数据对支持学生个性化体验、衡量高校决策的敏捷性至关重要。

打破传统模式屏障，开展多模式在线认证评估。俄罗斯高校建立支持“学校—教师—家长—学生”四者互相沟通的电子平台，任何人皆可访问平台的教学内容、对课程进行评价。

开展课程与专业微认证，实施多元化激励机制，鼓励学习者通过在线学习形式实现个性化学习。美国高等教育微认证类型主要包括数字徽章、可堆叠证书、慕课结课证书、行业认可证书，学习者在完成定制学习内容、提交符合认证标准的学习

成果后，可获得代表所学技能的数字徽章等认证，认证成果可转换为学分并用来申请学位。

（七）直面学习危机，加强国际化多元化教育场景供给

新冠疫情凸显并加剧全球范围内教育供给不足、不均衡，以及应急状态下保障持续性学习供给能力薄弱等问题。疫情期间，累计有 16 亿学生受到学校停课影响，传统教育教学模式难以应对这一危机，这对各国加强多元场景下的教育供给能力，特别是教学模式改革创新与资源共建共享等提出了更新更高的要求。

开展大规模在线教学实践，应对世纪疫情等公共危机。新冠疫情引发了全球范围内的高等教育“数字革命”，加速了各国在线教学的普及、实践与创新。各国在开展多样化在线教学实践中，共建共享优质在线教育资源，为适应后疫情时代教学模式变革、保障多元场景下的教育教学秩序积累了有益经验。中国在全球范围内率先提出新冠疫情期间全国各类学校实行“停课不停学”的紧急应对政策，学生通过多种类型在线教育平台进行学习，2020 年春季学期，全国普遍本科高校共开设在线课程 110 万门，服务学生 35 亿人次，基本实现在线教学与课堂教学实质等效。印度在新冠疫情期间发展基于通信技术的在线教育，实现现代化教育产品供给。欧盟各国强调在后疫情时期应加速建设以在线学习为主的新学习模式，促进高等教育数字化。马来西亚指出新冠疫情导致马来西亚教学方式发生巨大变化，高校应尽快适应在线教学新常态。

积极开展国际合作、深化开发援助。全球气候变化、乌克兰危机等持续加剧，百年变局与世纪疫情相互交织，要求世界各国以更紧密的团结协作提升高等教育的抗冲击能力，保障稳定的教育供给。数字教育为全球高等教育的国际合作开拓了新渠道，已成为各国推进教育数字化进程中的重要内容。中国始终致力于拓展国际合作交流，贡献中国方案与中国智慧。疫情期间，爱课程、学堂在线等国际慕课平台上线覆盖 8 个领域、近 700 门英文在线课程，服务于亿计的全球大学生和社会学习者；并与联合国教科文组织合作，为赞比亚等非洲国家免费提供优质在线教育平台资源，支持非洲教师能力建设与人才培养。欧盟委员会创建欧洲数字教育中心，加强欧盟成员国在数字教育领域的合作与交流，旨在建设具有全球竞争力且适应数字时代发展要求的欧洲教育。德国基隆开放高等教育，为处于战乱、贫困状态的国家与地区的难民提供免费在线学习机会，通过建立开放在线教育平台，共享教育资源与在线课程。

（八）应对复杂形势，共筑安全可信的智慧化治理体系

教育数字化在带来好处的同时，并非没有技术风险与成本。任何网络恶意攻击

都可能威胁教育网络的稳定与个人信息的安全，破坏关键基础设施甚至威胁到更广泛的安全利益。许多国家和国际组织高度重视教育网络、数据与隐私安全，围绕网络安全、数据安全与治理、大数据与人工智能伦理等方面出台各项政策措施，以规避、防范各类潜在风险。

出台网络安全法律法规。中国施行《中华人民共和国数据安全法》，提出建立数据分类分级保护制度，以更好地平衡数据使用的便捷性与数据防护的安全性，促进数据安全体系建设降本增效；出台《新一代人工智能伦理规范》，提出 6 项基本伦理要求及人工智能特定活动应遵守的管理规范、研发规范、供应规范、使用规范，旨在将伦理道德融入人工智能全生命周期。美国出台《州和地方政府网络安全法 2021》，澳大利亚出台《在线安全法 2021》，等等。

加强网络安全战略关切。巴西颁布《国家网络安全战略》，提出将基础网络安全教学纳入巴西教育课程，并鼓励创建与网络安全相关的大学项目以及该领域的初创企业。

提供数据安全防护指南。英国出台《面向教育机构的数据保护指南》，提出教育机构应采取风险自审、积极咨询法律意见、确保有效遵守通用数据保护条例的规定等措施保障数据安全。欧盟发布《值得信赖的人工智能伦理准则》，从基本条件、基础伦理准则与实现的关键要素三方面分析可信赖人工智能伦理，为人工智能技术的开发、部署与使用提供指导。

（九）推动开环建设，构建跨区域跨部门数字化共同体

近年来，国际社会将跨部门跨区域协同与国际交流合作视为高等教育数字化战略行动的重要举措，在多个领域积极探索，搭建以数字化推动全球高等教育发展、深化国际人文交流、促进多样文明互鉴的桥梁纽带，为构建人类命运共同体贡献智慧与力量。

教育联盟与资源共享既能推动全球国家、地区、高校之间的教育交流与协同，又能促进全球优质资源均衡共享。环太平洋大学联盟汇聚 60 所顶尖高校，为全球学习者提供联结机会，学习知识与技能，交流思想与文化。由美国纽约州立大学建立的国际在线协作学习中心推动国际跨文化交流，促进全球教育教学经验共享。

多边学历学位互认联通在疫情推动下加速落地，全球高校之间学分、学历与学位国际互认正逐步探索实施。联合国教科文组织与其会员国密切合作，推动亚太地区有关高等教育学历、文凭与学位相互承认地区公约的更新，建立全球范围学历互认机制。

通过校企联运与跨部门合作提供数字设备与技术、共同培养未来人才，有助于

促进利益相关者协同参与数字化建设。依托联合国教科文组织高等教育创新中心，中国企业为亚非国家高校无偿捐赠软硬件设备并提供技术支持，为巴基斯坦、埃及等国家高校建设数字学习环境。韩国高校通过与地方政府建立交流合作平台，发现潜在业务，培养未来领导者，同时与企业、科研机构等保持密切合作。

科研合作是知识生产的重要手段之一，有助于促进经验交流，攻克教育改革发展难题。中国重视加强中外教育科研交流合作与国际比较研究，吸收世界先进教育教学研究成果，积极拓展与国外教育科研机构开展合作研究的空间。俄罗斯提出建立科研统一服务平台，推进相同科研偏好主体之间的交流合作，通过建立个人数字档案与开发“虚拟学者助手”，为不同科研需求的师生提供更为个性化的服务。

第二部分
变革与挑战

世界范围内，各级各类教育正面临数字化引发的深刻变革。作为创新思想的发源地、创新人才的培养地、创新技术的孵化地，高等教育在数字化时代浪潮中，理应超前识变、科学应变、主动求变。本部分从育人方式、办学模式、管理体制、保障机制四个方面，深入分析当今世界高等教育数字化发生的变革和面临的挑战。世界高等教育数字化深层次变革总体分析框架见图 2–1。

智能时代高等教育人才需求的改变呼唤育人方式创新。发展学生多维度能力，必须建立以学生为中心的全面培养教育体系，推广多种混合教学方式，通过更加开放化、更加精准化、更加个性化的育人方式，培养适应数字时代的创新人才；信息技术的融入正在加速促进高校新型办学模式的构建，一方面体现在对传统办学模式的改进和优化，另一方面体现在直接推动新型办学模式的产生；数字化正在重塑高等学校管理体制和治理结构，传统的教育管理与决策正在从以管理流程为主的线性范式逐渐向以数据为中心的扁平化、平台化范式转变，教育管理由“粗放式”向“精准化”转变；高等教育数字化发展需要强有力的保障机制支撑，高校应加大对教育数字化转型必需的相关基础设施的投入，为构建高质量高等教育体系提供“数字基座”。通过建设性对话和多方合作，共建共享数字教育资源、构建合理的利益协调机制、保护知识产权、建立健全新型教育服务监管制度，保障数字化转型顺利进行。

育人方式

范畴：构建环境育人、资源育人、教师育人、方法育人的生态体系，培养适应数字时代的创新人才

成就
- 以云端一体化环境打造环境育人
- 以加强资源供给支撑资源育人
- 以提升数字素养与技能支持教师育人
- 以数字化革新教学法促进方法育人

挑战：探索数字化育人方式新路径
- 弥合教育数字化鸿沟
- 完善数字化建设
- 变革数字教学法
- 提升教师教育数字化理念与实践能力

办学模式

范畴：构建线上线下、校内校外、科教结合的办学模式，实现学习资历的互鉴、互通、互认

成就
- 互鉴、互通、互认的学习资历认证
- 共商、共建、共享的多边合作
- 数据化、智能化、科学化的办学流程
- 人人皆学、处处能学、时时可学的新形态大学

挑战：再造“数字化+”教育新模式
- 促进全过程在线办学模式改革
- 推进多学科交叉数字化办学
- 构建学分和学位认证体系
- 推行合作办学
- 加强资源共享与合作

深层次变革

管理体制

范畴：教育管理系统由垂直化向扁平化、平台化转变，依托数据大脑形成精准化的现代监管体系

成就
- 技术融入教育治理，政策引领体制改革
- 深化管理革命，释放教育资源活力
- 整合多元力量，共筑教育管理新形态
- 数字化赋能教育评价，推动素质教育发展

挑战：适应数字化管理新常态
- 构建与高等教育数字化相适应的支撑管理体系
- 打造数字化学习平台与资源的融合管理
- 建立跨国跨校的协同教育管理体系
- 形成开放式教育生态
- 促进教育管理技术与激励机制政策协调

保障机制

范畴：加大对新型教育基础设施建设的投入，构筑高质量发展支撑体系的“数字底座”

成就
- 加大人力财力投入
- 夯实物质基础保障
- 注重顶层规划设计

挑战：制定数字化时代教育保障新契约
- 保障多元时空协同创造的数字化平台
- 加快个人信息化进程与学习型社会建设
- 推行数字化建设与运行的组织政策
- 强化产学研合作支持
- 完善数字化质量认证与可信安全保障

图 2-1　世界高等教育数字化深层次变革总体分析框架

一、数字化育人方式的探索和尝试

高等教育育人方式的系统性变革，主要涉及环境、资源、教师、教学法等多项

要素，涵盖育人理念与目标的重塑、课程体系的重构、教学组织与管理的创新、教师队伍能力的提升、教学方法的改革等方面内容。如何通过数字化改进、改造人才培养的全要素、全过程、全环节，是当前世界高等教育界正在努力探索的新课题。

（一）云端一体化环境打造环境育人

在环境育人方面，云端一体化实现了由云到端、由端到云的一体化流程再造，呈现出线上线下教育融合、虚实场景融合的特征和趋向。

打破时空限制，线上线下教育融合发展。随着高校线上平台的层出不穷，线上线下教学的结合改变着教育的面貌，也为数字时代教育的环境育人创新提供了新的路径。中国鼓励高校夯实教学新基建，打造多种形式的数字化教学场景。西安电子科技大学建设“智课平台”，构建起线下课堂教学、线上同步课堂跨地域互动的多空间协同教育支撑体系；苏州大学启动“云中苏大”项目，加速推进大学的数字化转型；华中师范大学先后建成 60 余间智慧教室，开设超过 2200 门在线课程，为全校师生构建在线教学和社交空间，为学生创设更具沉浸感和临场感体验的学习情境。同时，依托智慧教室和线上学习空间建设，采集学生在不同学习环境下的多模态数据，实现了对学生综合素质的精准评价。通过对学生学习习惯、课堂互动情况、学业表现等多个维度的数据进行采集、分析和反馈，教师精准化教学能力显著提高，学生自主学习能力大大增强，从而实现教育规模化与个性化的统一。

数字化催生虚实场景融合的教与学。课程是人才培养的核心要素，课程教学质量直接决定人才培养质量。数字化条件下，传统的课程教学内容与教学方式遇到严峻挑战，需要积极发展虚实融合的教与学，探索智能化的教育教学新形态，创新教学方式和手段，致力于让学生“学得更好”。课程设计和学习支持服务充分考虑新一代大学生“数字原住民”的认知特点和学习行为习惯，注重学生的获得感和满意度，促进个性化学习。例如，虚拟仿真实验教学就是高校在实现虚实融合、优化实验教学、提升环境育人方面的积极探索。虚拟环境的搭建，运用三维建模、人机交互、超级计算、虚拟现实、增强现实等技术手段，与现实中的实验教学环境深度融合，改变了实验多为理论验证的传统教学模式。虚实结合的实验环境重点解决了传统实验项目中条件不具备、实际运行困难、涉及高危或极端环境、高成本、高消耗、操作不可逆等难题。中国从 2013 年开始推动全国高校开展虚拟仿真实验教学资源建设，上线了国家虚拟仿真实验教学项目共享平台“实验空间”，为全国高校提供虚拟仿真课程开放共享服务。又如，基于元宇宙的“元大学”逐渐兴起，高校借助虚拟现实等技术创设数字孪生校园，学生的数字化身在其中开展学习活动。与传统大学相比，“元大学”为学生创设了更具沉浸感、临场感、未来感的学习环境。

（二）加强资源供给支撑资源育人

当前，大数据应用与教育信息化发展在不断进行深度融合。大数据技术结合统计分析和逐渐强大的计算力，对教育大数据进行深度挖掘与多元分析，可视化呈现数据背后隐含的意义和价值，借助机器学习和深度学习工具对海量的学生课堂行为、作业、测验、考试成绩等数据进行记录和分析，既有利于教师获知学生的学习状态，帮助教师进行教学反思和教学优化，同时也能够推动教学决策的精准化，创造具有适应性和个性化的教育体验，从而辅助教师更精准地“教”，指导学生更有效地“学”。

数字化促进包容公平的优质教育，弥合数字鸿沟。在数字教育资源供给服务方面，许多国家高度重视数字教育资源平台的搭建，逐步形成从建设、应用到评价的数字教育资源体系促进教育公平的实现。2019 年 12 月，联合国教科文组织第 40 届大会通过《关于开放式教育资源的建议书》，为各国建立开放的数字教育资源，解决全球数字化教育资源不足的困境提供了具体目标和政策指引。中国“国家高等教育智慧教育平台”于 2022 年 3 月上线，其建设目标是汇聚国内外最好的大学、最好的教师，建设最好的课程。该平台已成为覆盖高等教育人才培养全过程的综合平台，面向高校师生和社会学习者提供 2.7 万门优质慕课以及 6.5 万余条教材、课件、案例等各类教学资源，并提供全流程教学服务和个性化教师专业发展支持等。截至 2022 年 10 月，该平台拥有来自全世界的慕课用户共计 5.9 亿个，共上线约 6.45 万门慕课课程。

数字化提高教育教学质量与学习效率。实现线上和线下相结合的交融式教学模式，通过高质量混合式教学探索教育现代化最优路径，以实现技术与数字化资源的优势最大化，根据学生的需求开展差异化教学，加强课堂互动。各慕课平台正在积极探索深度融入高等教育，基于慕课资源的混合式教学层出不穷。一方面，慕课课程数量的逐年增多以及涉及学科门类的不断丰富，为开展校内混合式教学奠定了强大的资源基础；另一方面，慕课资源与面对面教学相互配合，使得教师有机会根据培养目标与学生特征进行个性化的调整，让教学更加有针对性，提高教学的效率与质量。例如，依托世界慕课与在线教育联盟，中国清华大学与全球高校伙伴深化合作，自 2021 年起推出全球融合式课堂，吸引 600 余位境外的高校学生加入，在构建全球化课堂方面作出了有益的探索。

（三）提升数字素养与技能支持教师育人

在新的时代背景和育人要求下，高等教育的育人方式呈现出多主体之间的协同性，而教师的数字素养与技能对多主体的协同育人具有独特作用。近年来，在多主体协同育人理念下，高等教育愈加注重知识传授、能力培养和素养发展相结合，同时调动基于人工智能的智能助教、AI 教师等技术主体，探索科教结合、产教结合、技术赋能的人才培养新模式。

数字化提升教师的全方位主体作用。伴随着新一代数字技术迅猛发展，教学数字化转型对教师能力提出了新要求。尤其在疫情的冲击下，数字胜任力已成为世界各国研究者普遍关注的主题，而其中教育者数字胜任力的发展对培养学习者的数字胜任力以及实现教育信息化都有着极为重要的意义。为更好地促进教育者数字胜任力的发展，欧盟颁布《欧盟教育者数字胜任力框架》，指导欧盟多国开展教育者数字胜任力的培养。

数字化赋能新时代的教师队伍建设。推进数字化对新时代教师队伍高质量发展具有重大意义。教师队伍建设应该注重整体性。在教师团队中，整个团队应当拥有较高的理论研究水平和技术实践能力，团队成员之间相互配合、互相补充、各展其长，又能互相学习、共同进步。2022 年，中国在国家智慧教育公共服务平台设立暑期教师研修专题，首次面向各级各类教师同时组织开展在线教学，一个半月左右时间超过 1300 万人参加学习，开创了世界上最大规模教师在线学习项目，促进了优质资源普惠共享，有效提高了培训效能。

（四）数字化革新教学法促进方法育人

高等教育教学法是实施教学实践的原则和方法，受到资源、工具等内部教学要素的影响。互联网带来的教育数字化转型，正在从内外两方面推动教学法知识体系和教学实践的数字化转型，促进“数字教学法”育人。

数字化搭建教学法知识体系。自 2020 年起，受疫情影响，在线教育发展迅猛，客观上大大加快了世界高等教育数字化转型的步伐。在数字资源、数字工具、数字平台等构成的数字化教学生态环境下，数字时代的教学法知识体系和实践范式正在发生快速而深刻的改变。2020 年新冠疫情背景下，美国现代语言协会以在线出版方式，发布数字教材《人文学科中的数字教学法》，不仅带来一种新型“数字教学法”的内容体系，也展示出数字环境下新型教学法的“教材”形态。该教材有近 800 位作者参加编写，汇集了 573 个优质“教学构件”案例，用 59 个关键词、24 类教学构件、79 种标签等“元数据”把优秀案例编织在一起，形成一部教师可以交叉、重混组合使用的“数字教学法”新型教材。

数字化引领创新性的数字化教学法。教学法的数字化转型包含教学理念、教学方式、教学素养等多方面内容，一系列数字化工程的实施和提升，给高等教育发展注入创新性动力。英国开放大学每年发布一份创新教学报告（Innovating

Pedagogy)，研究并推介当今及未来十年影响学校教育的重大教学创新。报告以创新和未来展望为主题，每年提出 10 项已经有所应用但尚未对教育领域产生深远影响的创新教学法，旨在探索教学、学习和评价的前沿与进展，为教师、教育政策制定者、学术研究者及其他相关方提供参考。2022 年的《创新教学报告》为后疫情时代的教育界提出 10 项有前景的创新教学法：混合模式、双重学习场景、微证书教学、自主教学、观看派对、影响者主导的教育、家庭教学、不适教学、幸福教育和边走边谈等。

二、数字化办学模式突破传统

传统大学的办学模式根植于印刷技术营建的环境，课堂资料依托“教材”媒介流传，学生档案借助“档案馆”场所储存，学生从入学到毕业的全流程数据，由高校不同部门分头管理，缺乏整体性与规范性。随着信息技术的发展，高校办学模式逐渐向数据化、系统化、共享化发展。

（一）互鉴、互通、互认的学习资历认证

目前，世界各国正在共同搭建交流合作平台，开启全球认证，完善互认机制，真正实现学习资历的互鉴、互通、互认，如学分认证、学习认证、学位认证等。

在学分认证方面，主要存在两种形式：一是学生于在线平台上选修指定课程，考核合格的学生可自愿进行学分认定；二是高校之间为丰富学生选择，互相开放部分课程，供外校学生线上或线下学习，通过考核后进行学分认证。表 2–1 展现了部分国家对在线教育课程学分认证采取的相关举措。

表 2–1 部分国家在线课程学分认证方面的相关举措

实施主体	相关举措
中国清华大学 美国麻省理工学院 英国曼彻斯特大学	在线教育平台与高等教育机构合作，实现部分课程的学分互认
中国学堂在线	与郑州大学、河南科技大学等合作，开展同等学力申硕项目；与英国开放大学达成学分互认合作
美国 Coursera	与不同高校合作提供完全在线的硕士学位与学士学位项目，同时提供可以替代学校学分的在线课程
英国 FutureLearn	提供从可以替代学校课程学分的微证书到完整的在线学位课程等一系列产品和服务

在学习认证方面，IMS 全球学习联盟正在探索数字学习成果的认证，推进微证书的认证效力；欧洲慕课联盟于 2019 年制定了微证书标准框架；美国部分州已承认微证书的合法性，或批准微证书提供方与高等教育机构展开合作，以对微证书项目进行试点、评估与管理；英国高等教育质量保证局发布《微证书特征声明》，提出微证书的学分受到英国高等教育资格框架的认可，以使微证书项目拥有标准的质量保证机制。

中国慕课平台也与高校合作开设学习项目并为学习者颁发学习证明。如学堂在线与世界知名院校合作开设了 14 个认证项目，学习者在指定时间内完成相应学习并通过考试后，可获得平台和院校联合颁发的学习证明。此外，爱课程（中国大学 MOOC）与中国高校合作开设了土木工程系列慕课等 13 个认证项目；智慧树平台与中国高校共同开发了涵盖人工智能、大数据等方向的 18 个微专业，以模块化、短学程重构微专业核心课程，以混合式教学方法提高教学效率。

在学位认证方面，世界各主要慕课平台均对获得合格成绩的课程学习者颁发学习证书，给予学习成绩的认证。基于所获得的多门慕课学习证书，学习者获得“微学位”已变成现实。截至 2021 年 12 月，根据 Class Central 报告，除中国外，世界其他各国慕课平台已提供 1670 个微学位及 70 个慕课学位。

（二）共商、共建、共享的多边合作

数字化技术降低了高等教育机构进行合作办学所需要的物质基础，扩宽了优质教育资源国际共享渠道，拓展了高等教育机构的服务区域边界。数字化办学模式使高校拥有了更多的合作者，涌现出了大量跨国高校办学，以及高校和企业合作办学。各国政府进一步放宽办学条件，扩大办学准入范围，积极鼓励和支持社会力量投入数字化办学中。中国自 2020 年开始提出“慕课出海”，多渠道多平台提供慕课，以促进数字时代高等教育的国际化。例如，以学堂在线和爱课程两大平台为主，已提供 400 余门国际慕课。

（三）数据化、智能化、科学化的办学流程

使用统一的数字化管理平台，高校可以完成从学生入学到学生毕业全流程的操作和即时检测，达到流程标准、模板统一、处理及时、储存长期的效果，推动办学流程更加数据化、智能化、科学化。

传统的办学模式是在固定的校园，按照统一的人才培养方案来进行人才培养。脱离印刷技术环境后，数字化办学通过网络扁平结构重新整合课程，并反作用于传统的高校办学，逐步打破院系和专业的边界，学科之间充分交叉融合，形成更加开放、灵活、多元、动态的办学体系。在高校内部，数字化办学简化了传统的入学流

程，“一站式”提供高校学生在校期间的衣食住行线上办理服务。在高校外部，随着数字化教学内容在社会化平台上的共享以及统一认证平台和标准的建立，“全过程的在线办学”成为可能。对于全过程的在线办学而言，高校不再囿于提供视频内容，还包括提供在线选课、课程服务、课程考核、课程数据等。

（四）人人皆学、处处能学、时时可学的新形态大学

数字化办学服务于多场景办学，高联通、多场景、跨时空、强生态、强融合的数字化办学新模式满足了不同教学场景的需求，如多校区办学、无校区办学等，改变了面对面的传统办学形式，带来高等教育领域的新变革。由于高校合并和高校扩建，很多高校形成了多校区办学的格局。依靠数字化手段办学是有效解决多校区空间屏障、提高办学效率的重要途径。数字化技术的发展突破了传统大学的物理边界，让人人皆学、处处能学、时时可学成为可能。

目前，国际上已有学校开展无校区办学的实践。源于美国的密涅瓦大学不设固定校园，在美国旧金山、韩国首尔、印度海德拉巴、德国柏林、阿根廷布宜诺斯艾利斯、英国伦敦等城市均设有校区，学生可以在不同的国家和地区进行游学。每个城市都是一所校园，学生可以从社会中学，感受多样的政治、经济、文化和环境。密涅瓦大学在每个城市都会组织 Civitas 活动，促进学生与当地政府、企业及教育机构的交流与沟通。密涅瓦大学细化学习活动管理，每周都会组织社会合作课程，开展实践学习。每个学期结束时，不仅要求学生基于所在城市完成一项地域性作业，而且要与当地机构共同完成一个城市合作项目，用所学知识解决社会实际问题。英国开放大学是经英国皇家特许批准成立的公立研究型大学，总部坐落在北伦敦，在英国各大城市均设有教学中心，是世界上第一所成功采用在线教学和开放式办学形式培养学生的高等教育机构，也是英国乃至欧洲最大规模的高校，在校生规模超过 17 万人，自成立以来已有超过 200 万名毕业生。

三、数字化管理体制的重塑与超越

作为高等教育数字化的重要维度之一，数字化管理对于高等教育发展有着重要意义。世界各国都在积极推动高等教育数字化管理体制机制改革，取得了丰硕成果。

（一）技术融入教育治理，政策引领体制改革

数字化管理是对当前手工与信息化管理的颠覆，引发了管理模式与应用形式、技术与手段、内容与结果的重大变化，是高等教育数字化转型发展带来的必然结

果。数字化管理体制将以数字化改革助力高等教育体制优化，实现高校教学模式与人才培养机制的转变，实现制度规则的重塑。在数字化建设与改革进程中，国际性教育组织、各国政府、教育行政机构、大学甚至是社会组织等都把政策、制度与机制等带有管理体制成分的规划设计放在首位，作为指导推进数字化转型的重要保障。

智能技术与大学治理政策的深度融合。高校作为直接育人的主体，是开展数字化教学与人才培养的主要阵地。高校在数字化管理体制上，要对办学治教进行数字化改造，以适应数字化时代教学与人才培养的现实需要。德国重视人工智能技术与大学治理的结合，在课堂教学评估中已开始尝试。中国上海理工大学以教育数字化助推学校治理现代化，建设“全数字化智能大学”，实现一网通办、一网统管、一网畅学，构建共建共治共享生态圈。中国计量大学校园大脑（数字孪生平台）“量大微脑”1.0 于 2022 年 5 月正式发布，实现了校园全要素数字化和虚拟化、校园状态实时化和可视化、校园管理决策协同化和智能化。

政府引导数字化转型作用明显。从经济与社会数字化转型到高等教育的数字化转型，国家行为一直在发挥着主导作用，这并不因社会制度等差异而有明显差别。政府或教育行政部门要制定配套的管理制度，形成体系，从上至下借助数字化的系统与平台进行国家或地区层面的宏观管理，推进高校数字化教育教学的办学模式、育人方式形成体制化、机制化。《中国教育现代化 2035》提出要加快信息化时代教育变革，建设智能化校园，统筹建设一体化智能化教学、管理与服务平台。围绕网络强国、数字中国和智慧社会建设，2022 年 1 月，中国启动实施国家教育数字化战略行动，这是继教育信息化 2.0 行动计划后具有显著标志性的事件，旨在深化信息技术与教育教学融合创新，推动教育教学数字化迈向更高水平。国家高等教育智慧教育平台（简称“智慧高教”）是基于中国已有的慕课资源建立起来的统一性平台，在服务智能化、数据精准化和管理全量化三个方面实现了技术创新与突破，推动教育生态体系治理建设。在此之前，中国以社会力量为主导建设的慕课平台数量超过 30 个，“智慧高教”的上线运行标志着中国在线开放课程发展进入一个新的阶段，在线教育将呈现出新的发展态势。

（二）深化管理革命，释放教育资源活力

数字化教育教学是以数字化为主线的一场技术革命，同时也是一场深刻的管理革命和服务革命。促进教学秩序和教学资源的深度优化，是涵盖制度、规划、技术、基础设施与资源、内容、平台与工具、标准与规范、环境与生态等在内的多元化复杂工程。数字化技术的集成运用，可以引导高等教育工作人员养成数字化的理念与思维，促使学校形成数字化文化，对数字化的教育资源建设、教学管理秩序、

内容与载体开发及运用、平台与工具研制及使用带来深刻变革。

教学数字化管理体系加速建立，数字化资源配置得到规范管理。从微观的课程层面管理到中观的专业层面管理，再到学校层面的校级管理和对企业提供运行与服务的平台管理，以至到政府引导与协同管理，管理体制、生态管理和国际合作管理都在得到加强。欧盟两次发布数字教育行动计划，推动欧洲构建数字教育体系，形成数字教育生态，并加大管理力度。俄罗斯出台2030年前俄罗斯高等教育从传统模式向数字一体化、大数据管理模式转型的目标和相关措施。以“智能＋教育”的方式大力推动网络化、虚拟化实验教学，开辟开展实验教学的新平台，是教育数字化改革的重要特色。中国于2017年启动虚拟仿真实验教学项目建设，建设国家虚拟仿真实验教学项目共享平台“实验空间”。2020年11月，中国教育部公布728门国家级虚拟仿真实验教学一流课程，“虚仿实验”等教学场景越来越丰富。

（三）整合多元力量，共筑教育管理新形态

数字化教育教学是一种新的形态，在技术的驱动与赋能下将更大程度地改变教学的管理模式、方法与手段、内容与形式，也将进一步重塑教与学的方式、师与生的关系，从而带来一场更为深刻的变革。这种变革也必将连锁性地带来教育教学在管理形态上的重大变化。在支持高等教育管理方面，数字化为强调多方参与和协调治理的生态治理模式、强调体制机制创新的高等教育管理改革等，提供了坚实的技术支持与保障。

全在线教育的数字化管理。英国在这方面走在世界前列。凭借一流的数字基础设施，英国高校利用机器学习等人工智能技术构建沉浸式学习空间，各类数字化教学资源、智能化学习辅助工具提升了教与学的效能。中国建设“国家高等教育智慧教育平台”，对数十个在线开放课程平台上的课程教学过程与平台本身实现统一管理。这种“平台管平台”的新模式、新做法，为适应数字化时代的教育教学管理开辟了新途径。

跨校协同教育教学数字化。数字化资源与教学的共享与传播，有效促进了不同地区高校之间网络化、信息化的交流，进而推动了教育教学的管理向数字化方向不断发展。我们可以借鉴慕课的发展经验，从管理角度规划教育数字化发展进程中的各方职责，形成分工与协作的共同参与格局，促进数字化改革深入开展。同时，要注重数字化对高等教育改革的过程导向性与目标牵引性，在此过程中，逐步对数字化管理体制进行改革，促进数字化建设与管理的协同健康发展。新冠疫情暴发以来，跨国跨校教育教学管理模式快速向数字化方向演进，出现了明显的新变化和新进展。联合国教科文组织拉美和加勒比地区高等教育研究所在疫情期间实施虚拟学

生流动项目，发布报告《动态思维：后疫情时代虚拟学生流动的机遇与挑战》。为推动基层教学组织管理创新，中国教育部利用网络通信技术和信息化平台发起虚拟教研室建设，建立高校教师的网络研讨平台，截至 2022 年 5 月已建设 657 个虚拟教研室，参与教师超过 3 万人，共享教研资源 1.2 万份，教研活动记录 5 万余条，实现跨校、跨区教研。

（四）数字化赋能教育评价，推动素质教育发展

高校对教育教学评价进行数字化改造，以适应数字化时代教学与人才培养的现实需要。运用数字化的理念思维、规章制度、系统工具等对师生员工、教学活动、考核评价、资源使用等进行科学、合理、准确、全面的数字化管理。

形成基于大数据的全量化、智能性的教育教学评价体系和评价结果。数字化管理承载的数字化服务，带来高校管理体制与方法、服务模式与效率的变革——线上或掌上一站式服务、无纸无表格无单据办公、扁平化组织与管理等得到运用，基于大数据的质量评价与保障将成为高校治理的重要手段与方式，依托数字化技术提供更加广泛和精准的教育服务。

智能时代对人的综合素质评价提出了更高的要求，而面向个体的精准化教学一直是教育发展中的一道难题。人工智能技术的引入打破传统单一维度、以分数为主的评价机制，有助于全面加强对师生动态数据的感知、采集、分析和监测，为实现学生综合素质的多维度评价提供了可能。此外，随着大数据、区块链等技术的发展，学习档案、学业评估和学历证书正从纸质化走向数字化，数字化学业证书逐渐成为高等教育国际化的重要标志。德国的 AI 校园项目包含人工智能中的数据技能培养，旨在实现有质量保证的数据使用和评估功能。美国的教育数字化平台不仅能整合国家的各项评估标准，形成系统的评估框架，还能依据国家教育技术标准与框架对教师、学生等进行综合性测评，提高师生数字能力。

四、数字化保障机制加速推进

高等教育数字化保障机制是教育数字化转型的基础底座，主要包括人力财力保障、物质保障、政策条件保障等。各国在建设高等教育数字化保障机制的过程中进行了各自的探索，并取得了显著的成效。

（一）加大人力财力物力投入

高等教育数字化发展离不开数字化人员支持和经费投入作为保障。2017 年，一项基于 800 余所美国高校关于 IT 方面财务、人员配备和服务的调查发现，美国

高校信息技术方面的支出平均占学校总支出的4.3%，学校平均每年为在读学生、在职教师及员工的花费为每人958美元。平均而言，每1000名大学师生中，就有7.9个负责数字化的全职工作人员，其中学生员工人数占数字化工作人员总数的17%，学校为每位数字化工作人员专业发展方面的支出平均为1162美元。美国高校IT预算支出结构（2017）见图2-2。

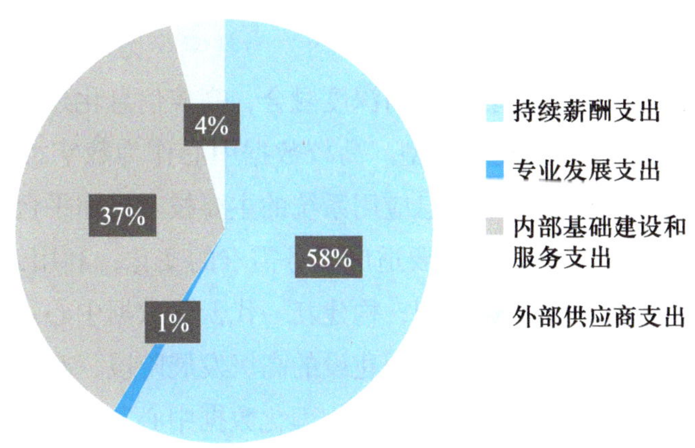

图2-2　美国高校IT预算支出结构（2017）

（二）夯实物质基础保障

推动5G、大数据、云计算、人工智能等新一代信息技术的应用，持续建设信息网络、平台系统、数字资源、智慧校园、创新应用、可信安全等新型基础设施，是发展教育数字化的关键驱动力。打造智慧教育公共服务平台，统筹学习、教学和管理过程中的大数据，建立教育大数据仓，促进教育数据的贯通共享，组建教育大脑，统筹推进数据融合融通，面向学生、教师和学校建立数据应用和分析模式。

算力为教育数字化转型注入新动能。算力是数字经济时代集信息计算力、数据存储力、网络运载力于一体的新型生产力，是支撑数字经济蓬勃发展的重要底座，是激活数据要素潜能、驱动经济社会数字化转型、推动数字政府建设的新引擎。

教育云全面加速教育数字化转型。中国浙江省实施“教育魔方”工程，大力推进教育数字化改革。运用大数据、云计算、物联网、5G、人工智能等新一代信息技术，引领行业云、智慧校园等教育领域新型基础设施建设。推进教育“云网端”一体化，按照“多云融合、多网互通、多端智联、应用支撑、统一管控”原则，统筹利用全省政务云基础设施体系，设计适宜各类学校个性化应用的教育公共服务行业云，实现教育计算机网、电子政务外网和互联网安全互通、融合发展。依托“浙政钉”和“浙里办”，建立统一的应用访问入口，提供政校协同、校园治理、家校互动、在线教育等应用和服务。构建教育大数据仓，基于数据空间与数据管道，推进教育数据无感采集、动态汇聚、智能治理、授权使用。建设“组织、数据、应用”三大中枢，为流程再造和业务协同提供有力保障。建立以人与机构为核心的教育行业统一赋码体系，充分利用数据资源提升数据服务能力，打通数据所有单位、使用单位与应用服务提供单位之间的共享通道，以数据充分共享支撑教育领域数字化改革。

数据中心为教育数字化转型提供新平台，为数字大脑的持续演进提供物质基础。随着高校信息技术与教育教学不断深度融合，高校信息化建设与应用水平得以提升，数字校园逐步向智慧校园转型。高校数据中心作为数字校园的重要组成部分，是承载数字校园平台及其他信息应用系统的主要技术支撑平台。在高校数字化转型过程中，高校数据中心建设需要适应业务需求的变化，利用云计算、大数据、人工智能等新技术来促进其云化转型，构建新一代云化数据中心。数字校园是智慧校园建设的基础，智慧校园是数字校园建设的高级发展阶段，在从数字校园到智慧校园的发展过程中，数据中心经历了从“物理化数据中心”到“虚拟化数据中心”，再到“云化数据中心”三个阶段的转型发展。云化数据中心一方面可以促进学校IT 基础架构的集约化建设，构建数字化转型的技术中台，更好地支撑智慧校园应用创新；另一方面可以帮助高校信息化管理团队的角色从传统支撑中心向运营职能中心转型，赋予全校师生懂云、用云、上云的能力，提升全校师生信息化素养，构建高校数字化组织能力，从而助推教育数字化转型。

五、应对世界高等教育数字化发展面临的挑战

（一）探索数字化育人方式新路径

目前，世界高等教育的数字化育人方式面临着众多的挑战和问题，如何利用数字化手段更好地促进环境育人、资源育人、教师育人以及教学法育人，重构数字化育人新范式，是当前世界高等教育界正在努力探索的新领域，育人方式变革迫在眉睫。

教育数字化鸿沟依然存在并不断加剧。从全球来看，经济与社会发展阶段的差异等因素导致世界不同地区间数字化学习公平存在严重鸿沟。世界高等教育数字化转型处于不均衡状态，不同国家与地区的高等教育数字化具有明显的发展阶段差异性。而且，全球新冠疫情一方面放大了数字鸿沟带来的教育不公平问题，在线上教学成为新常态的情况下，不同地区之间的设备条件不均衡对学生学习产生的影响在

加大；另一方面学生骤然脱离教师指导、同伴合作、课堂氛围等大学校园提供的诸多学习支持要素，学生个体以及家庭环境对学习效果的影响更为突出，由此产生了学生在高等教育数字化背景下心智投入、学习方法以及信息素养等方面的“新数字鸿沟”。

数字化建设仍需不断完善以支持学生全面发展。在以学习者为中心的理念的倡导与带动下，政府、高校、教育机构、社会等更加关注学习者本身的知识获取途径、学习过程与学习成效。这些将为全社会的数字化学习素养提升和数字化学习社会建设带来不可估量的作用。当前，由于思想观念、技术获得、政策激励、保障制度等方面的问题，数字化普及之路任重道远。

教师数字化理念与实践能力阻碍教学数字化转型。教师是教学的主导者，数字化时代无疑会深刻地改变教师的内涵及其素养要求，但是目前高等教育教师数字化教学能力不足成为教学数字化转型的限制因素。教师将数字技术融入教学的意识、通过数字技术创新教学的能力仍有所欠缺。在未来世界高等教育的发展中，需要教师提升自身的数字胜任力并快速适应高等教育数字化新形势，成长为高层次、应用型、国际化的教学人才，为推动新形势下教育教学转型升级做好准备。

既有教育教学方法在支撑数字时代复杂教学实践方面的局限性日趋凸显。高等教育数字化带来了教育系统的更新变革，包括育人目标、教学理念等，但教学方法的改革与创新多停留在政策文本与理论探讨中，尚未在教学实践中得到真正重视。教学方法的改革和创新始终是高等教育教学改革的重点和难点。如何发挥数字化技术带来的优势，重新构建教育教学的业务体系，赋予学生更多的学习掌控权，为学生提供探索、创造和已知或未知事物互动的机会仍然有待进一步的探索。

（二）再造“数字化+”教育新模式

在多重因素的影响下，世界高等教育的办学模式破除传统办学模式的桎梏与局限，迎来了全新的变革。如何将数字化技术更好地融入办学模式当中，重组与再造“数字化+”的教育新模式，以提高教育教学质量、创新教育生态系统，仍需引起足够重视。

全过程在线教育的办学模式改革任重道远。全过程在线教育从报名到学习再到考核全流程均在线上进行，目前涉及的学科范围及受益者范围仍然有限。相比较传统教学，全过程在线教育正在颠覆教学的形态、模式、方法，赋予高等教育全新的生机，体现了数字化技术的巨大变革力量。这种日益强大的力量引发了对大学教育教学的思考，也同时带来了一系列思想、制度方面的冲突，形成新挑战。例如，新冠疫情突袭，高校需要在较短的时间内就从线下教学运行转为完全在线教学运行，这给传统的教学、办学模式带来了严峻挑战，很多工作被迫仓促转为在线开展，遇到了一系列现实问题，完全在线教育的诸多挑战亟待解决。为进一步适应全过程在线教育的办学模式，需保证全过程在线教育的质量，提高全过程在线教育的社会认可度。国际组织需推动承认在线教育学历、文凭公约的更新，以及在线课程学分相关的质量评估，在线教学平台应完善功能，重视学习者的交互体验，使全过程在线教育更为大众所接受。

重构与再造多专业学科交叉的数字化办学模式。传统学科制度根植于印刷技术环境，强调知识分工和知识体系的相互区隔。而数字化办学颠覆了传统的单门学科——科层制模式，通过网络扁平结构重新整合课程，学科之间、专业领域之间正在进行持续的细化、交叉和融合。针对技术发展和大学传统形成的“文化时差”，需要对课程体系进行重新塑造、对教学方式进行重构与再造，完成知识体系的重塑，挑战和突破人类已知的边界。国家之间、地区之间、高校之间需形成共识，使各学科之间、各专业之间获得充分的交流，形成开放、灵活、多元、动态的课程体系。

数字化教育缺乏灵活的学分认证与学位认证体系。目前高等教育机构的专业设置仍然基于“专用型”人才培养，难以满足数字经济发展所需的“复合型”人才的需求。数字化转型的关键是构建灵活的学分和学位认证体系，从而解除学生的学校身份标签，打破学校和地域界限，实现学生选课自由、学习自由和流动自由。

深化并不断创新多边的数字化合作办学仍缺乏相关经验和实践。目前，多校与跨校区协同教育的形式和成果都略显单一，所涉及的课程范围和教学形式都非常有限。同时，各地、各校之间存在着数字化水平发展不一致和教学质量参差不齐的问题，对于如何因地制宜、因校制宜设计相关课程并调整教学模式，在进一步扩大合作范围的同时发挥各校特色优势，仍然缺乏相关经验和实践。在国际合作方面，还没有形成具有引领性、标志性的全球合作模式，内容资源、技术标准、教学规范、学制体制、相关法律制度等还存在着不适应、不统一、不健全等诸多问题，这需要引起足够重视。

数字化教育资源共建共享与合作程度仍处于较低水平。数字化教育教学资源与环境天然具有共享性与传播性，优质资源在条件许可的情况下可以便捷地在一国之内甚至是全球范围内进行流动和扩散，直接推动教育理念、教学模式的加速变革，对整体教育质量提升和教育进步带来显而易见的作用。数字化教育资源共建共享需要建立系统、稳定的平台支撑以及政策层面的保障。资源共建共享平台的运维和发展应该保持长期稳定，但是在实施过程中，企业人员变动、项目制的合作方式都会带来一些不稳定性。从长期发展来看，需要建立政策支撑体系，形成制度保障，才能确保各项工作顺利开展。同时，目前全球的数字化教育资源共建共享程度还较低，处在一国或一平台向另一国或另一平台的单向传输阶段，还需要各国增进共识，加强技术研发合作，共同致力于数字化资源的建设与使用。

（三）适应数字化管理新常态

高等教育管理体制虽逐渐发展、完善，但还不成熟，特别是在数字技术迅速发展的当今时代，高等教育在适应新的数字化管理体制方面还存在明显的问题，面临一定的挑战。

缺乏与高等教育数字化相适应的高校支撑体系的数字化管理。推进高等教育数字化，必然要求高校建立与之相匹配的支撑体系，这不仅包括建设各类数字化软硬件资源，还要建立全面的数字化管理体系。从当前的高校管理体系向数字化管理体系跨越，面临着诸多的挑战与现实问题，涉及办学经费投入、管理体制机制变革、新数字化信息化技术运用、观念理念转变、各类人员数字化素养与技能提升、制度规约的建立等，是覆盖高校运行的具有系统性特征的复杂工程问题。此外，高校各种管理系统还存在整合难度较大的问题，例如高校各个部门获取、处理信息的方式不同，影响了统一数据库的建立，数据只能通过限制性的数据流和渠道进行整合；高校教育治理在校内外都存在着数据模型不一致、不规范的问题，影响高校信息技术分析结果的准确性；数字化校园治理的数据主要是显性信息和结果信息，而学校最重要的教学过程数据还没有纳入管理范畴。

数字化学习平台、资源的融合管理与协调发展面临着诸多挑战。用数字化纽带推动职业教育、高等教育、继续教育和终身教育融合协调发展，是成人教育领域发展的一个必然方向。世界各国在陆续推进不同层次、不同阶段的高等教育学习平台和资源的融合协调发展，但由于各种类型的教育体制机制障碍、学习者自身的差异性、数字化资源的贯通性建设困难、制度政策的不连续等问题，融合协调发展面临着诸多挑战。

跨国跨校的数字化协同教育体系的管理是全球教育数字化面临的新课题。在高等教育全球化的整体趋势下，教育数字化具有的互联互通与共享传播等特性，使得世界各国教育数字化发生紧密联系，在如何促进全球教育数字化交流合作、加强教育管理与维护教学秩序等方面提出了新课题。

开放式教育生态的治理对数字化管理带来不容回避的挑战。面向未来，随着数字化转型的深入发展，开放式教育教学必然成为一种主流。课程管理、专业管理、教学管理、服务管理、平台管理、学校管理、联盟管理、安全管理等，这些构成教育生态治理的基本内容。开放式教育生态治理困难重重，需要政府在技术、制度、政策、法律法规等方面进行规范和引导，汇聚多方力量来寻求解决的方案。

数字化教育管理技术与激励机制政策需妥善协调。高等教育数字化管理改革，还触及数字化教育管理技术与激励机制政策协调的问题。数字化教育管理技术发展固然有其自身的规律，但其不可避免地会受到激励机制政策的影响，从而表现出一些差异化的特征。为了妥善处理好二者的关联关系，更好地发挥协调一致的促进作用，需要有从宏观规划到微观操作的改革支持，解决技术更迭速度、经费保障、政策取向、改革路径等问题。

（四）制定数字化时代教育保障新规则

教育数字化转型需要从办学经费、各类人员数字化素养与技能等方面提供保障。这面临着平台支撑、个人动力、政策取向、协同机制、质量认证、安全保障等问题，数字化时代急需更新和加强保障机制以更好地支撑和保障育人、办学及管理等各项工作的顺利展开。

多元时空中师生协同创造的数字化平台保障存在一定的问题与挑战。在数字化高校及数字化高等教育平台的建设过程中，学习环境正在发生翻天覆地的变化，学生从知识的接收者转型为教学的共同创造者，要求学生自主探索，充分发挥能动性。在提升师生信息素养的基础上，需要进一步形成师生协同创造的理念，从不同的侧面共同搭建实景学习、泛在学习、在线学习、虚拟学习、移动学习等新学习形态下的学习环境，更新学习标准和需求，使高等教育数字化保障体系跟上时代脚步。

个人信息化进程与学习型社会建设发展缓慢。相比基础设施信息化和教学方式信息化进程，个人信息化发展开始时间较晚，发展速度也较为缓慢。即使是在已经进入高等教育普及化阶段的国家，许多个人学习者仍然缺少主动学习的动力与能力，慕课“高辍学率、低结课率”的问题持续存在。建设学习型社会，需要对个体的学习意识和能力进行培养和提升，关注用户如何持续地获得知识、判断知识、更新知识，畅通学习渠道，培养自主学习能力。由传统学龄阶段的“学生”到终身学习生态的“学习者”的转变尚处于探索阶段。

高校数字化建设与运行的组织政策亟须完善。数字化建设要求高校进一步提升数字化运行能力，形成侧重数字化的高校特色组织政策。着重培养和招收具有数字化素养的高校管理人才，强化数字化战略意识，加强数字化文化建设，并在发展过程中实现融合式技术创新、优质资源建设与应用创新、政府企业高校等机构协同创新。尤其是各国高校应发挥自身资源优势，加强数字化教育教学质量保障机制和信息安全保障机制建设。

产学研协同保障机制不充分。目前，数字化技术的产学研协同在政策保障、资金支持以及社会认可度上仍然不足。企业应建立有效的、可持续的运营机制，避免数字化教学出现产学分离、技术与实际教学场景相分离的问题。高校在数字化教学中承担着前沿的研究和实践工作，能够洞悉真实、准确的教学需求。科研机构应把握教学项目的设计和教育模式的创新。因此，需进一步强化产学研协同的保障机制，推动大数据、虚拟现实、人工智能等技术的发展及应用，创新教育形态，重塑教学流程。

高等教育数字化质量认证与信息安全保障需进一步加强。目前，高等教育数字化质量保障体制缺乏权威性的认证机制，而提供高等教育数字化质量认证能从根本上提升数字化教学整体质量。各国需进一步加强远程教育、在线教育的质量保障，及时更新数字化教育质量认证标准，加强监管与奖惩力度，加强国际合作。2021年，美国高等教育信息化协会发布的《地平线报告》首次以信息安全为主题。信息安全事件已经成为常态事件，由此带来信息安全领域劳动力短缺。努力推动信息安全规则协调统一，加快信息安全伦理法制建设，完善监管机构与安全制度体制，保护公民的数字信息安全，是各国需集中关注、共同攻克的难题。高校也应明确建立数据透明体系，加强对师生信息素养和信息安全意识的培养。

第三部分
共同向未来

带领人类探索未知的世界，造就一个更加美好的现实世界，解决人类面临的共同问题，是高等教育的时代使命。数字化为实现这一使命提供了新的撬动的支点。联合国秘书长古特雷斯在2022年教育变革峰会上强调，数字革命可能成为确保全民教育质量和改变教师教学方式和学习者学习方式的最有力工具之一。在高等教育领域，这场信息技术催生的变革为我们开启了数字化发展的新格局。不断涌现的信息化、数字化教育技术与应用，给我们带来了海量的教学与科研资源、无门槛无边界的教学场景、智能化个性化的学习模式以及数据化精准化的管理平台。数字技术将赋能高等教育，为促进可持续发展作出实质性的贡献。

一、世界高等教育数字化愿景与目标

（一）愿景

数字革命为高等教育带来无限的潜能与全新的愿景。通过采用数字技术驱动的全新育人方式，高等教育可以实现面向数字化社会的人才培养及文化传承和创造，通过更加开放的办学模式助力高等教育服务社会，通过更协调的管理体制促进科学研究并孕育高等教育新形态和新范式，通过更开放的国际交流与合作建立有力的保障机制。数字化赋能高等教育职能的充分实现，将进一步促进人类个体的全面发展，使社会的全面进步和人类可持续发展成为更具可行性的时代命题。

多元创新的数字化育人将成为重要趋势。在育人方式方面，通过数字技术与高等教育的进一步融合，不断开发低成本甚至免费的、高质量的数字教育内容和平台，完善数字化课程体系。持续提升教师的数字能力和信息素养，大幅增加数字化时代合格教师人数，以适应数字化时代教学方法的创新和变革，探索如何通过技术等方式不断提升学习者的学习效率和效果。培养不仅诚实守信、有道德，而且具有探究能力、批判性思维、沟通能力、团队协作能力、创造与创新能力等，能够合作解决复杂问题，适应未来社会的新一代学习者。

未来高等教育机构中的学习活动将不再局限于校园内，借助更加高速的网络和沉浸式的虚拟环境，每个学习者都可以走进世界其他高校的校园和课堂中，与不同文化背景、不同语言的同学展开交流学习。面对面与在线、同步与异步、校内与校外、学校与职场，更加灵活混合的课程与教学在跨国教育网络、教育云、教育元宇宙中，为全球每一位学生提供更多的机会和更加灵活多样的选择。数字教育将降低甚至消除接受优质高等教育的门槛，发挥公共教育资源的最大效能。

人工智能技术将更加精准地采集、分析线上线下的教学实践数据，生成更加精确多元的过程性评价，帮助教师灵活选用教学资源，为学生配备合适的资源和课程，帮助学生规划更科学、有效的专业学习路径。同时，人工智能技术也将帮助世界各高校建设智能一体化的教学管理平台：结合人脸识别、声音识别等技术，真正实现高校信息化、数字化运营；利用教学大数据进行动态监测，以进行教学质量监督，并依托平台实现多方联动，快速响应解决教学问题。

数字化将打破制度和资源壁垒，探索资源开放共享的办学模式。未来高等院校的课程供给将发生重大的结构性变革。随着不同国家和地区的大学间的合作日益加深，交换生、访问学者、联合培养、项目合作等课程和教学形式将更加多元多样。学生的课程和学分的构成将会变得更加多元，高校与职场之间的界限则将变得模糊，世界高等教育课程供给改革将成为全球高等教育数字化变革的靓丽风景。通过数字技术与高等教育的进一步融合，未来的高等教育机构将提供更多开放共享的教育资源，更好地满足弱势群体与发展中国家和地区的教育需求，确保人人享有高等教育数字化时代的学习机会。促进实现更加公平、包容、多元、共享的优质教育，构建全民终身学习的教育体系，同时使高等教育体系更具韧性。

数字化管理将推动高等教育生产力的充分释放。通过数字技术与高等教育的进一步融合，利用技术赋能实现更加高效的教学、研究和管理，并促进三者有机结合，发挥整体效能。在教学方面，营造良好的学习环境，优化学习过程，提升学习效果，建立健全科学的教与学评价体系，为研究提供知识与人才基础。在研究方面，推动跨学科、超学科的开放和交流，打破学科壁垒，以问题为导向，不断创新知识生产，推进高等学校学科建设和专业发展，进一步推动教学工作的开展。在管理方面，提供更便捷高效、智能精准的管理服务，同时努力保障安全，为教学与研究的有序开展提供基础。通过教学、研究、管理等方面的协调发展，促进高等教育组织机构新形态、新范式的产生，助力高等教育迈入新阶段。

高等教育数字化在多种因素影响下加速推进。联合国教科文组织《关于教育连通性的重塑教育全球宣言》指出：教育是培养和应用数字技能的重要场所，而数字化社会是未来教育发展的重要基础。在全球数字化变革的背景下，教育科技受到各个国家高等教育管理部门、高等院校以及其他利益相关者的高度重视，也将成为全球高等院校发展战略的核心。通过数字技术与高等教育的进一步融合，不断完善相关基础设施建设，吸引多主体资金支持，为高等教育数字化的发展提供基础。通过搭建国际交流平台，扩大教育对外开放，汇聚全球利益相关者资源、智慧和力量，促使多种类型高等教育相互促进，在高等教育资源、平台和模式的互联互通方面努力消除隔阂，从破边界到无边界，全面打造更强有力的保障体系，通过全面深化合作而非竞争实现卓越，为高等教育的长远发展保驾护航。

（二）目标

这是一个技术无处不在的时代，是一个用技术重塑高等教育几乎所有元素的时代。这个时代要求我们全面打造智能化、个性化、终身化与全球化的高等教育新体系。

未来高等教育应以学习者为中心，重塑评价范式并构建个性化育人模式。高等教育的未来趋向和发展目标体现为学习者的学习目标、学习方式、学习内容和学习路径的个性化、个别化和差异化。在技术高速发展的背景下，以学习者为中心的教育哲学思想能够得到更具体的体现。

随着全球高等教育的普及和“学习者中心”理念的深入，个性化将成为高等教育的一个重要特征。高等教育越来越多地以立德树人、满足学生全面发展、个性化发展和充分发展的需要为目标；教学活动由传统教育者主导的知识灌输，转向由学生主导的知识获得；教育的主导地位让渡于受教育者；尊重学生个体的独特性，帮助每一个学生成长成人成才。技术让因材施教成为可能，不再只是愿望和期待。

高等教育的数字化和智能化发展，使得大学教学借助技术的力量打破时空限制。课程和教学的多样化，给予学生灵活选择的自由度和可能性。通过在线学习平台和网络学习空间，学生能够随时随地、采用各种方式开展学习，灵活多样的混合学习模式将成为高等教育课程教学个性化发展的重要样态。不仅如此，依靠数字化的教学资源和平台，尤其是遍布在全球互联网上的开放教育资源，学习者可以结合个人发展需求，在学校和教师支持下，制订个性化的学习计划，并利用形式多样的课程体系，在“天下名师皆我师”的高等教育生态中，个性化地、自定步调地发展自己的兴趣，培养自己的能力，成就个人发展。结合人工智能、大数据等新技术，联动学校、企业、社会等多方资源，各高校将通过模块化的资源整合，向学习者精准推送个性化、差异化的教学内容，培养学生理论与实践相结合的能力。

高等教育已经并正在催生一种新的教育模式，在教育动力、教育内容、教育渠道和教育技术方面实现创新，最终带来人才培养模式的创新，形成高等教育个性化、多元化的培养路径。

未来高等教育应开放办学，高等教育体系走向终身化。在全球高等教育发展进程中，学生的概念已经发生了变化，传统的学龄阶段的“学生”概念，正在被终身学习生态中的“学习者”概念所取代。延续已久的基于实体学校、实体教室的招生入学规则、学习成果的权威认证等都将发生变化，高等教育机构的大门将在向更多人敞开的过程中变得模糊起来。

高等教育发展的全民化和终身化目标，主要体现在确保包容和公平的优质教育，让全民终身享有学习机会。这不仅是世界高等教育发展的目标共识和共同追求，也是全球高等教育发展的重要走向和趋势。全民终身学习已是世界主流的教育思想，对世界教育和人类社会的发展都产生了深远的影响。在经济全球化和教育国际化发展的背景下，借助互联网和信息技术，传统意义上大学的“围墙”已不复存在。大学能够为所有学习者提供公平的教育机会和学习资源，在信息技术、人工智能技术、互联网技术的支持下，切实建立起一个全开放的、无边界的高等教育系统，全面建设不同学科、不同水平层次的教学资源库，以满足不同学习者的高等教育需求。

展望未来，世界各国的高校作为更全面开放的高等教育体系的参与者和建设者，将积极地将新技术融入高校教育教学的体系当中，持续探索开放的、多元的教学新形态、新模式。未来的高等教育将能够为所有人提供终身学习的支持。

未来高等教育应建设智能化校园环境，促进教育治理体系现代化。打造智能化的高等教育体系主要体现在教学环境、教学过程和教学管理三方面。教学环境的智能化是高等教育智能化的基础。变革了空间，才能更好地变革其中的实践。随着人工智能技术的飞速发展，未来高等院校应进一步探索人工智能、大数据、虚拟现实和增强现实等新型技术在校园全场景中的应用，营造人机结合、万物互联、虚实混合的新型育人环境，如建设智能教学楼、智能图书馆、智能体育馆，等等。

全球高等教育教学过程的智能化，包括课程资源智能化、教学评价智能化以及AI互动工具和精准教学策略的普及和应用。国内外许多高校建成了将面对面教学和在线教学融合的课程与教学管理系统，学生学习和教师教学的评价反馈系统，以及灵活的、沉浸式的信息化教学支持平台等，未来应进一步结合人工智能技术，优化教学中的核心要素，使得教学场景中的元素更加丰富，高等教育的质量与效益取得更大幅度的跃升。

高等教育教学管理的智能化不仅体现在管理育人和服务育人目标的创新，也体现在高等院校管理和服务的手段、方式方法的创新——更简便的校园办公系统，全场景教学、科研和管理平台的应用，以及更高效的管理手段和更精准的质量监测。通过智能技术优化管理过程和质量监控，高校能够更加有效地利用资源，提高治理效能和办学质量。

新冠疫情带来的全球公共卫生健康危机，促使世界各个国家的高等院校进一步将教育科技置于高等教育发展和创新中的战略核心地位。展望未来，全球高等院校智能化发展将更加迅猛。

未来高等教育应开展全球化协同创新，保障高等教育数字化转型顺利开展。当今世界，全球高等教育面临逆全球化与全球化交织发展的新变局。在全球化的浪潮中，科技、经济、教育、文化等各领域都在交叉碰撞中迸发新的火花、焕发新的生机。而世界格局震荡也会为全球高等教育带来全新挑战，可谓机遇与挑战并存。

高等院校应当不断对标国际上的高等教育办学标准，及时更新课程内容和管理制度，迭代优化办学模式和办学制度。同时，高校还应该在国际化办学中立足自身的特色，增强自身实力，广泛吸纳全球各地的学生、教师和科研人才。

在全球化的背景下，为增强国际竞争力，国际化人才的培养已成为各国政府和高等院校的首要任务，培养适应经济社会发展需求的创新型人才也已成为彰显高等教育办学质量的重要标志。展望未来，全球高等教育的发展应当更加国际化，这对高等教育的办学理念和培养体系都提出了更高的要求。全球高等院校应当坚定国际化的办学方向，借助数字化渠道不断加强国际交流，重视构建全球课程体系和科研合作平台，培养具有国际视野的创新型人才。

（三）使命

当前，世界政治格局、公共卫生安全和技术革新等不确定因素为全球高等教育带来全新挑战。为全力迎接新挑战，全球高校应携手打破学科壁垒、重塑物理环境、创新教育教学模式，实现更开放、更融合、更有韧性的教育，促使全球高等教育在变革中谋发展，在复杂局势中实现教育价值。

营造开放包容的高等教育环境。联合国《2030 年可持续发展议程》（下文简称《议程》）誓言，绝不让任何一个人掉队。为此，可持续发展目标 4（SDG 4）着力于确保“包容和公平的优质教育”，促进“全民终身享有学习机会”。《议程》承诺要创建一个“公正、公平、容忍、开放、有社会包容性和最弱势群体的需求得到满足的世界”。对于高等教育而言，营造开放包容的高等教育环境，突出体现在对涉及残疾、国籍、族裔、宗教、性取向和性别认同表达等特征时的开放和包容，让所有学习者全面享受学习机会；开展开放包容的高等教育，需要建设有包容性的高等院校，提供具有包容性的课程和教学。归根结底，就是要面向不同学习者群体在教育机会、教育质量和教育成果方面实现优质均衡高速发展。

各个国家的高等院校在创建更加开放、包容、公平和协作的高等教育系统中承担着重要责任。营造开放包容的高等教育环境，需要坚持开放包容的高等教育理念，兼容并蓄，主动参与全球高等教育治理。通过加快和扩大高等教育对外开放，积极引进优质教育资源，创新应用全球开放教育资源，营造自由的、国际的、共享的学习环境，搭建高等教育交流合作、协同创新的平台。

实现多元时空中教师和学生协同创造。全球高等教育数字化、智能化、终身化发展，正在创造学校教育新生态中高等教育的全新格局。高等教育个性化、个别化和差异化发展，有赖于学习环境、教育科技、教学策略以及高等院校与社会之间的协同创新。在技术飞速发展的背景下，高等院校学习环境和学习场景正在发生翻天覆地的变化。实景学习、泛在学习、在线学习、虚拟学习、按需学习、移动学习、自定步调的学习、终身学习、深度学习等学习的形态融合创新，将构成高等教育多元时空中教师和学生协同创新的全新图景。传统的教室作为学习空间，在教育科技的推动下，成为更加符合认知功效的物理环境。运用增强现实和虚拟现实技术打造的虚拟环境，对在线学习者更加具有黏着性，互动性更强，教学效果更好；元宇宙中的高等教育，通过技术深度融合，打造全方位、沉浸式、灵活的混合教学新模式。高等教育中的课程教学已发展演变为多元时空环境下教师和学生共同合作的创造性过程。

在未来，高等院校应当把培养创新意识和激发创新力作为重要的教育理念，以培养创新意识和激发创新力为导向，引领和深化高等教育教学改革。融合创新，实现多元时空中教师和学生的协同创新，用技术促进创新性教育成为全球高等教育的重要战略选择。

职业教育、高等教育、继续教育融合协调发展。在学习型社会的架构中，职业教育、高等教育、继续教育将贯穿人的一生，发挥交错纵横的支柱作用。未来的高等教育应当深化教育体制创新，打破高等教育与职业教育、继续教育之间的常规边界，推动三者的融合协调发展，创建一种面向社会各阶层、多群体的更加开放公平的高等教育系统。

全球高等教育的融合创新发展，使得世界各个国家的高等院校之间、高校与企业和社会各部门之间，以及高校各个学科门类之间呈现出连接、协作的趋势。高等教育的未来应当积极致力于推进产教融合，创新人才培养模式。同时，日新月异的技术手段也为高等教育更加融合的未来提供了新机遇和新样态。借助网络技术、虚拟现实技术等开展线上教学和线上线下混合式教学，能够打破空间壁垒，为高等教育和继续教育提供更多的实践场景和机会。

创新合作机制，多边共建共享。在技术飞速发展、快速迭代的大环境中实现更加韧性的教育，需要各高校携起手来，共建共享、共同合作。高等院校在通过合作办学、建立分校和开展远程教育等形式拓展高等教育全球市场的同时，还应当共建共享学习资源与课程平台。

数字化时代，高等院校应在合作办学、开设国际性课程和人才交流等方面充分发挥主观能动性，创新合作机制，建立密切合作关系。同时，还应加强多学科领域的科研合作和国际交流，打造各专业领域的在线虚拟社区，建设跨国跨校的联合虚拟实验室。在资源和平台方面，尽可能在全球范围内共同推进教学资源建设。从协作共建机制上来说，未来的高等教育应当搭建一个可供协作交流的全球化资源建设平台，拟定教学资源建设的国际通行标准。从开放共享的角度来讲，未来的高等教育应当构建全球化共享环境，如国际课程平台、国际科研平台、全球教学工具箱等，加快制定基于全球共识的权益保障标准。

二、世界高等教育数字化发展指数

随着越来越多的国家和国际组织开展高等教育数字化发展行动，数字化革命已经成为高等教育改革与发展的主题。构建世界高等教育数字化发展指数对于测评各国高等教育数字化发展水平、比较发展差异、预测发展潜力、探讨发展策略等具有重要意义。

（一）世界高等教育数字化发展指数的探索与实践

高等教育数字化源于数字技术革新，技术革新驱动高等教育数字化转型的产生与发展。随着高等教育数字化进程加快，越来越多的国家和国际组织开始重视高等教育数字化发展水平的监测和评估，在高等教育数字化发展指数方面开展了诸多探索与实践。具体而言，在国家层面，英国从技术、能力和战略三个维度，选取网络连接、基础设施、员工培训、技术投资等 12 个测量重点来衡量学校数字化发展的成熟度；爱尔兰通过构建数字教学实践、数字基础设施、数字技能发展与支持、数字环境和文化以及对数字化的态度五维一体的评估体系，对学校、教师和学生的数字化水平予以评价。在国际组织层面，经济合作与发展组织（OECD）从数字化准备、数字化实践和数字化绩效三个维度构建了高等教育数字化转型评估框架，并在匈牙利等国家开展了实践论证。此外，国际大学协会（IAU）和全球教育智库（HolonIQ）等组织也陆续对高等教育数字化发展的相关指标进行了探索。

整体来看，现有探索和实践主要聚焦在某些中观层面的要素（如高等教育机构数字化成熟度）和微观层面的要素（如教师数字化教学能力、学生数字化学习能力以及学校数字化基础设施建设情况等），对世界范围和国家高等教育数字化发展等宏观层面的关注还不够。基于此，非常有必要立足全球视野构建世界高等教育数字化发展指数。

（二）构建世界高等教育数字化发展指数的目标与原则

研制世界高等教育数字化发展指数，必须明确构建高等教育数字化发展指数的目标，遵循高等教育数字化发展指数的制定原则，规范高等教育数字化发展指数的内容，由此形成高等教育数字化发展指数。具体而言，构建高等教育数字化发展指数意在实现以下三个目标。

1. 评估世界高等教育数字化发展进程和态势。构建世界高等教育数字化发展指数，可以之为基础绘制高等教育数字化发展“世界地图”，全方位把握世界主要国家高等教育数字化发展的现状，厘清世界各国高等教育数字化发展的历史进程与发展态势，精准预测未来高等教育数字化发展的趋势。

2. 衡量世界各国高等教育数字化发展水平。明确世界高等教育数字化发展指数框架，界定高等教育数字化发展指数的操作性定义，可以实现世界各国高等教育数字化发展指数的统一化和标准化，以高等教育数字化发展指数为依据，评估和认定世界各国高等教育数字化发展所处的阶段，研判世界各国高等教育数字化发展程度和发展水平。

3. 为世界各国编制高等教育数字化发展战略提供依据。运用世界高等教育数字化发展指数，可以监测和诊断世界各国高等教育数字化发展的薄弱环节，查明各国高等教育数字化发展存在的不足，为各国制定高等教育数字化发展战略规划和政策提供数据支持，更大程度地挖掘数字化在高等教育领域的发展潜力，赋能高等教育数字化发展。

研制世界高等教育数字化发展指数是一项开创性的工作，需要创建全新的测量标准和评价体系，构建科学的高等教育数字化发展内涵。研制需遵循以下原则。

1. 系统性原则。高等教育数字化发展指数内涵丰富、涵盖面广。表征高等教育数字化发展的各项指标应当具有内在的统一性；同时各项指标间应相互独立，避免冗余重复。每一项指标都应能反映高等教育数字化发展某一方面的具体特征，整体上能构成一个完整的体系，系统且全面地反映世界高等教育数字化发展水平。

2. 通用性原则。高等教育数字化发展指数是以世界各国为研究对象的宏观评估工具，必须立足当下，面向世界。指数研制应关注不同国家高等教育数字化发展水平的差异，将集成性指标分解细化为基础性、关键性指标，化繁为简、化难为易，既能从宏观上体现通用特征，又能从微观上表现关键性。

3. 客观性原则。高等教育数字化发展指数要求所用数据真实、可测量，避免指标的模糊性和不可追溯性；同时，也要求分析是客观的、可复制的，分析方法和结果经得起多次重复验证。

4. 可操作性原则。高等教育数字化发展指数应设置共通的操作性定义，统一数据统计口径，使之具有代表性、规范性和说服力，保证信效度和清晰度。另外，指标含义应当明确，采用定量推求和定性研判、客观数据与主观分析相结合的操作方式。

5. 发展性原则。高等教育数字化发展指数要有延展性和柔韧性，即依据指数应用结果的反馈情况，可以对相关指标进行适当修正、补充和完善，增强指数的合理性和科学性。

（三）世界高等教育数字化发展指数的设计

世界高等教育数字化发展指数是根据高等教育数字化的概念内涵，借鉴国内外相关经验的探索及实践进行设计的，包含了数字化育人、数字化办学、数字化管理和数字化保障四个核心要素，详见表 3-1。

表 3-1　世界高等教育数字化发展指数

一级指标	二级指标	具体测量指标	数据说明	数据计量	数据主要来源
数字化育人	接入条件	1. 国家公共数字化学习平台数量	访问次数百万次以上的慕课平台数量	统计绝对数值	各国慕课平台及联合国教科文组织（UNESCO）
		2. 建有或使用校级数字化学习平台的学校比例	高校建有或使用数字化教学平台（包括在线课程平台、虚拟仿真教学平台等）的比例	抽样中建有或使用数字化教学平台的高校数量占总抽样高校数量的比例	高水平高校

续表

一级指标	二级指标	具体测量指标	数据说明	数据计量	数据主要来源
数字化育人	接入条件	3. 校均数字化学习空间数量	高校拥有数字化教室、数字化实验室、仿真软件等各类数字化教学空间的数量	抽样中各国高校拥有数字化学习空间（数字化教室、数字化实验室、仿真软件等）的平均数	高水平高校
		4. 人均移动终端数	每百人移动蜂窝订阅数①	各国每百人移动蜂窝订阅的数量	国际电信联盟（ITU）
		5. 数字化带宽	4G 移动网络技术的人口覆盖率	比例（%）	国际电信联盟（ITU）
	育人资源	6. 慕课数量	高校提供选学人数超过 500 人的慕课数量	统计绝对数值	Class Central 网、联合国教科文组织（UNESCO）
		7. 校均电子数据库拥有量	高校图书馆电子文献资源数据库的数量	抽样中各国高校电子数据库拥有量的平均数	高水平高校图书馆
		8. 数字化学科工具软件数量	高校拥有数字化学科工具软件的数量	分四类等级统计：0，1，2–4，≥ 5	高水平高校
	教师素养	9. 教师数字素养	高校接受数字素养培训的教师人次比	抽样中各高校接受数字素养培训的教师人次比的加权平均数	高水平高校

① 移动蜂窝：移动蜂窝（Mobile Cellular），又称蜂窝网络（Cellular Network）或移动网络（Mobile Network），是一种移动通信硬件架构，分为模拟蜂窝网络和数字蜂窝网络。由于构成网络覆盖的各通信基地台的信号覆盖呈六边形，从而使整个网络像一个蜂窝而得名。

续表

一级指标	二级指标	具体测量指标	数据说明	数据计量	数据主要来源
数字化办学	教学模式	10. 生均线上学习时间	大学生平均线上学习时间	Class Central 网中各国学生线上学习时间的平均数	Class Central 网或各国慕课平台
		11. 开展规模化应用在线课程、混合式教学及翻转课堂的学校比例	高校应用在线课程、混合式教学及翻转课堂开展教学实践的比例	抽样中应用在线课程、混合式教学及翻转课堂开展教学实践的课程占总课程比超过5%的高校数量占总抽样高校数量的比例	高水平高校
	学位认证	12. 实现在线教育授予学位的专业数量	高校通过在线课程学习授予学位的专业总数，包括学士、硕士和博士学位（不同高校同一专业可重复累计）	统计绝对数值	Study Portal 网
数字化管理	内部治理	13. 数字化管理制度	出台了数字化管理制度的高校占比（包括校务全流程线上办理、教师全方位职业能力测评等）	抽样中出台了数字化管理制度的高校数量占总抽样高校数量的比例	高水平高校
		14. 数字化管理平台	建设了数字化管理平台的高校占比（包括网络资源平台、师生管理平台、教务平台/学生全过程管理平台、课程资源平台等）	抽样中拥有数字化管理平台的高校数量占总抽样高校数量的比例	高水平高校
	外部治理	15. 信息安全法规	国家层面是否有针对网络信息安全保障的法律法规	统计分值（是=1，否=0）	国际电信联盟（ITU）

续表

一级指标	二级指标	具体测量指标	数据说明	数据计量	数据主要来源
数字化保障	政策保障	16. 战略规划	是否有高等教育数字化发展规划（包括聚焦新兴技术、5G/6G、物联网、人工智能等的国家战略、政策或倡议）	统计分值（是=1，否=0）	国际电信联盟（ITU）
	财力保障	17. 经费投入	高等教育数字化经费投入平均占比	抽样中各国高校数字化建设经费占经费总支出的均值	高水平高校
	人力保障	18. 人员配比	每千名师生拥有的信息技术教学支持人员、信息技术辅助教学人员的比例	抽样中各国高校中信息技术教学支持人员、信息技术辅助教学人员数量占全校师生数量（千）的均值	高水平高校

具体来说，世界高等教育数字化发展指数主要包括以下四个方面的内涵：

数字化育人。高等教育数字化的核心在于数字技术在教育教学过程中的实践和应用。在这一过程中，数字化育人是数字化教育教学的核心部分，也是目前国内外理论探讨和实践探索最为丰富的部分。高等教育数字化必然带来育人目标、形态、模式、方法的变革，而数字化育人环境、育人资源以及师生数字素养是实现这一变革的重要支撑。基于此，一级指标“高等教育数字化育人”下设相互独立又互相联系的三个维度，分别是“接入条件”“育人资源”和“教师素养”。

其中，“接入条件”涵盖五个具体测量指标，分别是“国家公共数字化学习平台数量”“建有或使用校级数字化学习平台的学校比例”“校均数字化学习空间数量”“人均移动终端数”以及“数字化带宽”。这五个指标集中体现了云端一体化的整体架构，是实现“人人皆学、处处能学、时时可学”的智慧学习环境必不可少的条件，也是数字化教育发展到较高阶段的产物。“育人资源”包括“慕课数量”“校均电子数据库拥有量”和“数字化学科工具软件数量”三个具体测量指标。慕课是推动高等教育数字化变革的重要引擎，慕课以其便捷、开放、共享的特点，打破了传统的教育形态，提高了教学的效率与质量，促进了全纳教育和教育公平；图书馆电子数据库拥有量也是重要的数字化育人资源，为师生的教学科研和学习提供丰富的数字资源保障；数字化学科工具软件是师生实现教学数字化、科研数字化和学习数字化的重要工具。同时，数字化育人意味着对教师的数字素养提出了挑战，要求教师要能把握住数字技术带来的机遇，理解数字化时代对人才的需求，将专业化素养和数字化素养进行有机结合，为学生提供更加优质的教育。因此，本报告设置“教师数字素养”作为“教师素养”的一项具体测量指标。

数字化办学。数字化融入高等教育必然引发传统办学模式的重大变革。数字化打破了传统校园和班级的局限，使办学流程、教学内容、教学时空等向数字化转型，高校的办学模式也逐渐向数据系统化、共享化发展。鉴于高等教育数字化教学育人的相关内容已在上述“高等教育数字化育人”指标中得以阐述，“高等教育数字化办学”主要聚焦在数字化“教学模式”和“学位认证”两个方面。

第一，在高等教育数字化的背景下，传统的师生面对面单向传输的教学模式已经不能满足以学生为中心的个性化学习和深度学习的需求。人工智能、大数据、云计算等数字技术加快向教育领域渗透融合，深刻改变了高等教育的教学方式。其中，以混合式教学、在线教育、微课堂为代表的新兴教学方式体现了教学模式的深刻变革，真正做到虚拟空间和实体空间相结合、因材施教与有教无类相兼顾。基于此，专门设立了两个具体测量点，即“生均线上学习时间”和“开展规模化应用在线课程、混合式教学及翻转课堂的学校比例”，力求从“学”与“教”两方面反映数字化教学模式的发展水平。

第二，数字革命为社会公众接受高等教育提供了更具灵活性和多样性的渠道，也使得办学模式得以拓展，因此设置“实现在线教育授予学位的专业数量”这一指标，用以评估各国在高等教育数字化办学模式上的创新水平。

数字化管理。数字革命对高等教育数字化管理提出了新的要求。本指标分别考察高校和政府两个行为主体在内部治理和外部治理中的数字化管理水平。在内部治理方面，考察高校层面的数字化管理水平，下设“数字化管理制度”和“数字化管理平台”两个测量指标。首先，“数字化管理制度”考察高校办学全要素、全过程管理制度的数字化水平，包括校务全流程线上办理、教师全方位职业能力测评的制度等。其次，数字化管理平台则是高等教育数字化管理的实现基础和重要载体，主要包括但不限于网络资源平台、师生管理平台、教务平台 / 学生全过程管理平台、课程资源平台等。在外部治理方面，政府在推进高等教育数字化发展中发挥了重要作用，同时也对数字化发展实施监管，以保障高等教育数字化健康发展。为此，设计“信息安全法规”作为具体测量指标，考察国家层面针对网络信息安全管理的情况。

数字化保障。数字化保障是高等教育数字化建设的基础，同时也是高等教育数字化可持续发展的前提，主要反映在政策保障、财力保障和人力保障三个方面。考察高等教育数字化保障不仅可以准确反映各国高等教育数字化现有水平，也可以合理研判和预测各国高等教育数字化的发展潜力。第一，高等教育数字化需要政府在政策上予以支持与监管，需要政府提供引领性的战略和倡议；因此，设置“战略规划”指标，聚焦于政府对于新兴技术、人工智能和以 5G/6G 为代表的新兴技术的政策、战略和倡议。第二，资金支持是高等教育数字化发展的必要条件；故而，设置“经费投入”指标以测量高等教育数字化发展的专项经费占总支出的比重。第三，专业人员的支持有助于高等教育数字化的可持续发展和专业性提升；相应地，设置“人员配比”指标，考察各国高等教育机构中是否有信息技术教学支持人员、信息技术辅助教学人员等负责数字化发展相关事宜。

（四）世界高等教育数字化发展指数的计算

世界高等教育数字化发展指数包含 4 个一级指标和 10 个二级指标以及 18 个具体测量指标。每一个指标都能从不同层面反映高等教育数字化发展水平，但它们在高等教育数字化发展指数中的权重并不相同，因此需要对高等教育数字化发展指数的所有指标建构权重。

1. 理论依据：层次分析法（AHP）

20 世纪 70 年代初期，美国著名学者托马斯·萨蒂（Thomas Saaty）提出一种将评价对象进行分层、确定对应权重的层次权重决策分析方法。该方法在定性分析的基础之上，结合定量分析，从而得出最后的结果。考虑到权重的确定性以及指数体系的科学性和合理性，本模型采用层次分析法（Analytic Hierarchy Process，AHP），即把复杂的问题分解为各个组成因素，将这些因素按支配关系分组形成有序的递进层次结构，通过两两比较的方式确定层次中诸因素的相对重要性，最后综合研究者的判断以确定诸因素相对重要性的总顺序。具体步骤如下：

（1）建立层次结构模型。高等教育数字化发展指数层次结构模型除最高层目标层外由一级指标、二级指标和具体测量指标三个层级构成，见图 3-1，可依次（层）确定权重。最高层为目标层，即高等教育数字化发展指数，是分析问题的预定目标和理想结果（包含 1 个元素）。中间层包括第一层和第二层，为目标中所涉及的中间环节（包含 4 个一级指标和 10 个二级指标）。最低层即第三层，是高等教育数字化发展指数（以下简称“发展指数”）的具体测量指标（包含 18 个具体测量指标）。

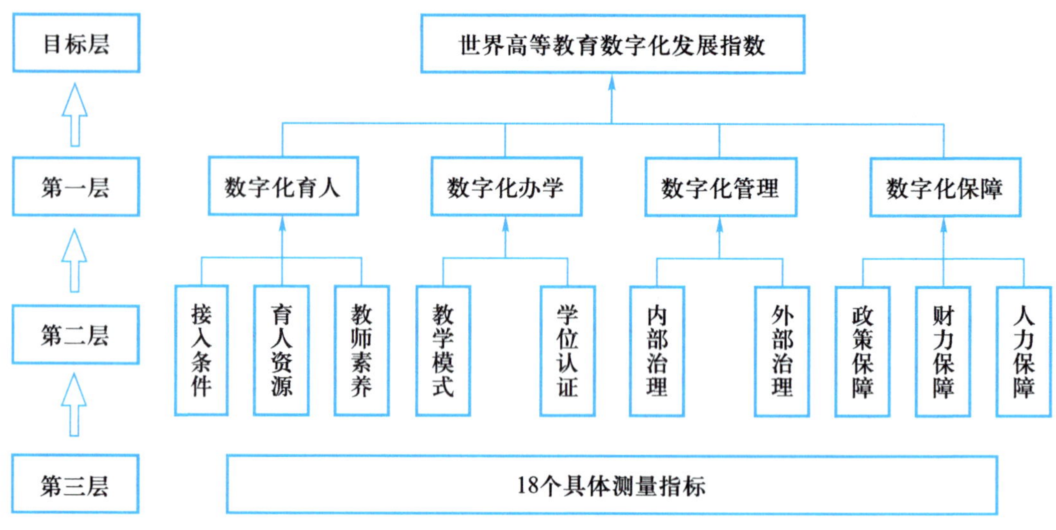

图 3-1 世界高等教育数字化发展指数层次结构模型

（2）构造判断矩阵。根据指标因素的特征之间和关系，计算权重值来反映各指标对上一层次指标的影响程度。因此，在对层次和因素进行比较的时候，采取两两相互比较的方式，而不是将所有因素放在一起统一比较。考虑到不同指标下的指标数量不等，直接放在一起缺乏科学性和合理性，所以，可采用托马斯·萨蒂提出的一致矩阵法中的标度值对其比较结果进行量化，来确定权重。其中比例标度参考如下表 3-2 所示：

表 3-2 比例标度表

标度 a_{ij}	含义（i 与 j 为因素）
1	因素 i 与因素 j 同样重要
3	i 比 j 稍重要
5	i 比 j 较重要
7	i 比 j 非常重要
9	i 比 j 绝对重要
2，4，6，8	因素 i 和因素 j 重要性比较值介于上述两个相邻等级之间

首先，按照由上到下（目标层到最低层）的顺序来构建层次模型。例如，考虑两个因素 i 和 j，可以根据比例标度参考表对因素 i 和 j 的比较结果赋值 a。

依据两两因素之间的标度值 a_{ij}，可以定义判断矩阵 $\boldsymbol{A}=(a_{ij})$，i，$j=1$，2，3，…，n

其中标度值 a_{ij} 满足以下条件：

$$a_{ij}=\frac{1}{a_{ji}} \quad a_{ii}=1$$

在报告中，最先要构建第一层次（一级指标）→目标层，4 个一级指标→发展指数的判断矩阵见表 3–3。

表 3–3 发展指数的判断矩阵

一级指标	数字化育人	数字化办学	数字化管理	数字化保障
数字化育人				
数字化办学				
数字化管理				
数字化保障				

其次，选取从事高等教育数字化研究的 20 位专家进行问卷调查，确定判断矩阵并计算权重，依次得到一级指标的权重：记为一级 A_1，A_2，A_3 和 A_4（满足条件 $A_1+A_2+A_3+A_4=1.0$）。

构建第二层次（二级指标）→第一层次（一级指标）的判断矩阵，其中“数字化育人”的判断矩阵见表 3–4。

表 3–4 “数字化育人”的判断矩阵

二级指标	接入条件	育人资源	教师素养
接入条件			
育人资源			
教师素养			

同样，按照上述统计原理和方法得到“接入条件”“育人资源”“教师素养”的权重分别为二级 B_1，B_2 和 B_3（这三个权重满足条件 $B_1+B_2+B_3=1.0$）。

由于一级指标有 4 个，因此需要构建 4 个一级指标的判断矩阵，除了 B_1，B_2 和 B_3 这三个权重之外，还需要得到“数字化办学”“数字化管理”以及“数字化保障”之下的 7 个二级权重：B_4 和 B_5（“数字化办学”之下的权重，满足条件

$B_4+B_5=1.0$）；B_6 和 B_7（“数字化管理”之下的权重，满足条件 $B_6+B_7=1.0$）；B_8，B_9 和 B_{10}（“数字化保障”之下的权重，满足条件 $B_8+B_9+B_{10}=1.0$）。最后，构建第三层次（具体测量指标）→第二层次（二级指标）的判断矩阵。“接入条件”的判断矩阵见表 3–5。

表 3–5 “接入条件”的判断矩阵

具体测量指标	具体测量 1	具体测量 2	具体测量 3	具体测量 4	具体测量 5
具体测量 1					
具体测量 2					
具体测量 3					
具体测量 4					
具体测量 5					

由于二级指标有 10 个，理论上需要构建 10 个判断矩阵，但除了“接入条件”“育人资源”和“教学模式”以及“内部治理”等二级指标以外，其他 6 个二级指标与具体测量指标是一对一的关系，所以权重系数为 1.0，意味着这 6 个二级指标并不需要构建判断矩阵来确定权重。

按照数理统计，可以得到三级 C_1，C_2，C_3，C_4 和 C_5 的权重（满足条件 $C_1+C_2+C_3+C_4+C_5=1.0$）；同理，还有 C_6，C_7 和 C_8 的权重（满足条件 $C_6+C_7+C_8=1.0$），$C_9=1.0$，C_{10} 和 C_{11}（满足条件 $C_{10}+C_{11}=1.0$），C_{13} 和 C_{14}（满足条件 $C_{13}+C_{14}=1.0$），其他 $C_x=1.0$。

完成上述基本操作后，分析出初始完整的发展指数权重表，见表 3–6。

表 3–6 发展指数初始权重表

一级指标权重	二级指标权重	具体测量指标权重
数字化育人（A_1）	接入条件（B_1）	C_{1-5}
	育人资源（B_2）	C_{6-8}
	教师素养（B_3）	C_9
数字化办学（A_2）	教学模式（B_4）	C_{10-11}
	学位认证（B_5）	C_{12}

续表

一级指标权重	二级指标权重	具体测量指标权重
数字化管理（A_3）	内部治理（B_6）	C_{13-14}
	外部治理（B_7）	C_{15}
数字化保障（A_4）	政策保障（B_8）	C_{16}
	财力保障（B_9）	C_{17}
	人力保障（B_{10}）	C_{18}

由于收集的数据为具体测量指标，也就是三级指标，所以统计时，以具体测量指标的数值和全局权重参与计算。

每一个具体的测量指标的全局权重 = 所在的一级权重 × 所在的二级权重 × 具体测量指标（三级）权重，即 $W=A\times B\times C$。

示例：

具体测量指标 1 的全局权重 $W_1=A_1\times B_1\times C_1$

具体测量指标 6 的全局权重 $W_6=A_1\times B_2\times C_6$

由此得到的全局权重表，见表 3-7。

表 3-7 发展指数全局权重表

一级指标权重	二级指标权重	具体测量指标权重
数字化育人（A_1）	接入条件 $Q_1=A_1\times B_1$	$W_1=A_1\times B_1\times C_1$
		$W_2=A_1\times B_1\times C_2$
		$W_3=A_1\times B_1\times C_3$
		$W_4=A_1\times B_1\times C_4$
		$W_5=A_1\times B_1\times C_5$
	育人资源 $Q_2=A_1\times B_2$	W_{6-8}
	教师素养 $Q_3=A_1\times B_3$	W_9
数字化办学（A_2）	教学模式 $Q_4=A_2\times B_4$	W_{10-11}
	学位认证 $Q_5=A_2\times B_5$	W_{12}
数字化管理（A_3）	内部治理 $Q_6=A_3\times B_6$	W_{13-14}
	外部治理 $Q_7=A_3\times B_7$	W_{15}

续表

一级指标权重	二级指标权重	具体测量指标权重
数字化保障（A_4）	政策保障 $Q_8=A_4\times B_8$	W_{16}
	财力保障 $Q_9=A_4\times B_9$	W_{17}
	人力保障 $Q_{10}=A_4\times B_{10}$	W_{18}

注：$A_1+A_2+A_3+A_4=1.0$

$Q_1+Q_2+\cdots+Q_{10}=1.0$

$W_1+W_2+\cdots+W_{17}+W_{18}=1.0$

（3）层次排序的一致性检验。在实际操作中，由于客观事物的复杂性以及人们对事物判断比较时可能存在模糊性，判断矩阵中标度值的确定具有一定的主观性和片面性，很难构造出完全一致的判断矩阵。由此，萨蒂提出了一致性检验，允许判断矩阵存在某种程度的不一致范围。为了实现层次分析法的最终目的，需要从上而下逐层进行各层因素对目标合成权重的计算。在每一层权重计算之前，根据一致性检验的步骤计算 CR 值，当 $CR<0.10$，认为层次排序结果具有较满意的一致性并接受该分析结果。只有当高等教育数字化发展指数的指标层分别通过了单排序和总排序的一致性检验时，层次分析法所确定的指标权重值才是科学有效的。

2. 数据处理

由于收集的实际数据具有明显的数量特征，并且在量纲、单位上存在差异。因此，需要对实际数据进行标准化处理，将数据按比例进行缩放去除数据之间的限制，将其转化为无量纲的数据便于进行加权和计算。综合数据的具体特点以及标准化方法的优缺点，主要采用单一方法或多种方法相结合的形式来灵活处理。

方法 1：最大最小标准化（Min–Max Normalization）

该方法也称为离差标准化，旨在将数据无量纲化，使之映射到 [0，1] 之间。该方法适用于数据值比较集中的情况，但极易受到最大值和最小值的影响，使得标准化结果不稳定，并影响到后续使用的效果。为便于后续分析，会将 [0，1] 的数据扩大 100 倍。

$$X_i=\frac{X_i-X_{i\min}}{X_{i\max}-X_{i\min}}\times 100$$

其中下标 i 代表各个具体测量指标的序号（i=1，2，3，…，18），X_i 表示第 i 个具体测量指标所对应的实际数值，$X_{i\max}$、$X_{i\min}$ 分别代表第 i 个测量指标在收集的数据中的最大值和最小值。由于指标体系中所有测量指标均为正向，所以无须再进行指标正负向转换。因此，对于具体测量指标中的连续性、绝对性数据可以进行归一化处理为 [0，1] 的取值。

方法 2：Z–Score 标准化方法（Zero–Mean Normalization）

对数据的均值和标准差进行标准化，将数据变换为均值 0、标准差为 1 的分布，保证数据的可比性。

$$Z=\frac{X-\bar{x}}{\sigma}\text{（}\bar{x}\text{为均值，}\sigma\text{为标准差）}$$

方法 3：四分位法（Quartile Division）

将全部数据从小到大排列，正好排列在前 1/4 位置上的数（25% 位置）为第一四分位数，排在后 1/4 位置上的数（75% 位置）为第三四分位数，排列在中间位置的数（50% 位置）为第二四分位数，确保所有数据坐落在四个区间，再对相应区间进行赋值（示例见表 3–8）。

表 3–8　四分位法赋值示例

最小值 $-Q_1$	25
Q_1-Q_2	50
Q_2-Q_3	75
Q_3- 最大值	100

此外，对于比例（%）等数据也会采用单一方法或多种方法相结合的方式处理。

3. 模型计算

将处理后的具体测量指标值 V_i 乘以各自对应的当前权重值 W_i，累计求和可得具体某个国家的高等教育数字化发展指数得分，用符号 S_i 表示，计算公式如下：

$$S_i=\sum_{i=1}^{18}V_i\times W_i$$

其中，V_i 代表具体测量指标处理后的值，W_i 为具体测量指标（三级指标）权重值。

4. 呈现形式

为了更直观地呈现世界各国高等教育数字化发展指数和数字化发展水平情况，可以采用三种方式呈现各国高等教育数字化发展指数：

（1）方阵图：根据总分排序分别罗列处于不同发展水平阶段的国家名单。

（2）世界地图：以可视化和形象化的形式呈现世界各国高等教育数字化发展状况的地理分布情况。

（3）雷达图：在数字化育人、办学、管理和保障四个维度上呈现不同国家数字化发展水平的表现，以此判断发展水平与差距。

三、世界高等教育数字化战略行动倡议

世界慕课与在线教育联盟在此倡议，各国政府、各国际组织、高校等共同推进高等教育数字化转型，共同创造世界高等教育数字化美好未来。

（一）构建数字化转型全球高等教育共同体

我们认为高等教育数字化转型是面向未来的、系统性的和全局性的创变过程。我们倡议强化顶层设计，联合各国政府、各国际组织和机构、各高校、各类企业等社会力量构建数字化转型全球高等教育共同体；共同促进人的全面发展，推动技术与教育融合创新发展，完善数字化智能化公共基础设施、管理服务保障体系、数字治理体系、全球合作网络体系；深化高等教育数字化发展指数研究及应用，弥合全球数字化发展鸿沟，推动形成更加包容、公平、高质量的数字化高等教育。

（二）推动全面发展指向的数字化育人模式创新

我们坚持促进人的全面发展的教育观。我们倡议全球高校革新教育观念、教育内容、教育方法；深入探究数字社会中的人才成长规律，全面提升高校人才培养工作的数字化水平；推进数字化智能化领域相关学科与其他学科交叉融合，构建面向全球数字化转型的人才培养与科研新范式，强化师生数字化素养培育及数字化胜任力评估，着力培养适应数字社会发展，引领科技革命、产业变革与世界未来发展的高水平创新人才，促进人的全面发展，促进人类社会全面进步。

（三）深化技术应用培育高等教育新形态

我们认为 5G/6G、人工智能、大数据、物联网、元宇宙等新兴技术，将促进高等教育全要素、全流程与全方位的数字化转型，形成线上线下融合、多元技术融合、人机融合的智能互联全球高等教育新形态。我们倡议全球所有高校不断深化新兴技术应用，以技术重塑高等教育形态，发挥新兴技术优势，在办学模式、管理体制和保障机制等方面取得更大进步。

我们认为技术深化应用将带来 AI 赋能、更加智慧的教育。我们倡议加强产学研合作，深化云计算、人工智能等技术在高等教育各类教育场景中的对接与应用，推进数字化智能化公共服务平台、智慧教育工具、教育大数据资源等的共建共享，

加快智慧校园与云端大学建设，实现更加智慧的高等教育。

我们认为技术深化应用将带来虚实结合、更加融合的教育，线上线下融合式教学成为新常态，XR 等数字感知技术、元宇宙等或将进一步消融虚拟世界与现实世界间的边界。我们倡议探索融合式教学与智慧教学等教学新形态，为师生提供沉浸式、更具实感的在线学习体验，在虚实融合的教育教学空间中实现全员、全过程及全环境育人。

我们认为技术深化应用将带来人技结合、更加创新的教育，各类新技术、新工具、新平台与新方法在高等教育教与学、管理与服务等方面工作中将得到更深入的应用。我们倡议发挥人技结合、人机结合优势，推动高等教育育人理念、办学模式、教育方法、教学资源等的可持续创新，推动全球高等教育跨越式发展。

（四）强化国际合作以构建开放全纳的教育

我们倡议更强有力的国际交流合作。我们倡议在全球共建共享在线开放课程的经验基础上，强化新兴技术、优质平台及数字资源在全球范围内的共建共享，让全球各个国家和地区、各高校在教育理念、教育技术等方面，共享优质技术、平台与资源，互学特色，互补优势，构建更加开放的全球高等教育新格局。

我们倡议缩小数字鸿沟，促进高等教育公平。我们倡议坚持优先发展的教育观，构建更加公平、全纳的高等教育，无论性别、健康状况、社会和经济条件、民族或文化背景以及地理位置如何，优质数字资源都能惠及更广泛群体，并帮助他们具备数字时代所需的价值观和技能；充分利用世界慕课与在线教育联盟等各类全球合作机制，支持发展中国家的高等教育机构建立数字化转型所必需的政策体系和软硬件建设机制，提升各类人员的数字化素养，推动学习革命与高等教育变革，实现联合国可持续发展目标 4（SDG4），确保公平包容的优质教育；着力弥合位于不同数字化发展水平的国家、区域与高校之间的数字鸿沟，推动学习革命与教育变革，实现全球五洲一家，心心相连，资源共享，携手进步。

（五）提供更加丰富的全球数字化公共教育产品

我们倡议重视全球高等教育数字化转型背景下的教育大数据治理，提升高等教育领域数据资源建设、管理与应用能力，关注高等教育大数据在采集、存储、分析、挖掘等各环节的数据质量与数据安全；总结全球在数字经济、教育数字化进程中的建设经验，提升全球高等教育数字化的治理能力。我们倡议完善全球高等教育治理规则，探索建立数字化高等教育质量标准体系，推动学校和国家之间数字化高等教育课程共享、学分和学历互认。我们倡议各国开放更多的优质数字化高等教育资源，丰富在线高等教育产品和服务，提升全球高等教育整体水平。

（六）坚守数字化时代的教育规律和教育伦理

我们倡议遵循技术伦理，注重人文关怀，探索并运用法律、道德、监管、技术等多种手段，规范数据的开放、共享、应用与管理，保护个人隐私和知识产权，积极应对和解决由于大数据、人工智能等新技术在高等教育应用中引发的伦理问题，明察技术局限，坚守育人初心，共同探究高等教育技术标准与规范等问题。

我们倡议世界高等教育机构根据上述原则制定未来行动目标，开展进展监测，合作加强数字化技术基础设施和平台建设；通过世界慕课与在线教育联盟促进国际和区域合作，弥合发达国家与欠发达国家之间日益扩大的差距，消除数字鸿沟；重新审视高等教育数字化成就及挑战，提高全民数字素养和能力，提高全社会高质量开放数字资源的可用性，提高跨学科、跨空间和跨职业的数据流动性，致力于高等教育数字化发展的全球合作，创建更加开放、包容、公平和协作的高等教育体系，构建全球教育共同体。

后 记

在世界范围内，数字化引发的深刻变革，使高等教育在迎来新发展机遇的同时也面临着诸多困难和挑战。传统高等教育的理念和模式受到冲击，多样化、个性化、现代化成为客观而普遍的需求。如何打破传统的高等教育模式，重塑高等教育新形态，世界各国都在思考和行动。联合国在教育变革峰会上呼吁全球聚焦教育转型、进一步塑造教育的未来，利用技术促使教育变得更具包容性、公平性、有效性、相关性和可持续性，并指出数字革命可能成为确保全面优质教育和改变教师教学和学生学习方式的最有效工具之一。中国共产党第二十次全国代表大会报告提出推进教育数字化，建设全民终身学习的学习型社会、学习型大国。为进一步推进高等教育数字化战略转型，实现更加以人为本、更加精准、更加公平而有质量的教育，我们推出《无限的可能——世界高等教育数字化发展报告》。

报告的编撰由教育部高等教育司牵头和指导，来自全球72所高校及有关企业、国际组织及政府的200余位专家学者共同参与，世界慕课与在线教育联盟秘书处负责组织和协调，通过联盟对全球发布。作为中国牵头编制的世界首份高等教育数字化战略报告，本报告在编写之初就明确内容要体现“国际范”和“中国味”，系统总结近年来世界各国高等教育数字化发展策略、主要经验成就和发展趋势，提出未来10—15年教育数字化发展倡议，并发出中国声音、提供中国方案、分享中国经验。

在报告中，我们深入探索了高等教育数字化发展规律，将高等教育数字化发展划分转化、转型、智慧三个阶段，并首次提出了世界高等教育数字化发展指数。指数包括数字化育人、数字化办学、数字化管理、数字化保障四项内涵，并设计多层级测量指标，以期为世界各国观测和把握世界高等教育发展态势和进程，衡量其高等教育数字化发展水平提供重要参照。

报告的编写历时近一年，经过了28次会议讨论和8轮反复修改，最终定稿，历经三个阶段：

第一阶段，2021年12月—2022年5月，拟定工作计划，召开世界高等教育数字化发展报告启动会，成立报告编写工作领导小组、起草工作组。

第二阶段，2022 年 6—8 月，专家组搜集整理素材、开会沟通，确认报告大纲，形成了相对成型的初稿。

第三阶段，2022 年 9—11 月，成立指数研究工作组、报告审稿组及统稿组，编写世界高等教育数字化发展指数；召开专家调研会，听取来自两院院士、海内外知名专家、国际顶尖 IT 企业高管对信息技术发展趋势的研判及对未来高等教育数字化发展的建议，进一步修改完善报告内容，完成终稿。

同时，在报告编写过程中，世界慕课与在线教育联盟举办了 5 场国际专家会议，听取了来自联合国教科文组织以及美国、德国、智利、马来西亚、墨西哥、蒙古共 13 位国际专家关于世界高等教育数字化发展的意见。在此对来自海内外的专家们表示感谢。

在本报告的编写过程中，我们得到了教育部高等教育司及报告编写工作领导小组的大力指导，编写工作领导小组的两名组长分别是清华大学校长王希勤和时任高等教育司司长吴岩；副组长是中山大学校长高松，武汉理工大学校长杨宗凯，清华大学副校长兼教务长彭刚，教育部高等教育司一级巡视员宋毅；领导小组的其他成员包括：教育部教育管理信息中心副主任杨志刚，高等教育出版社副总编辑韩筠，联合国教科文组织高等教育创新中心主任李铭，北京大学副校长孙庆伟，清华大学副校长、中国学位与研究生教育学会在线教育委员会主任委员杨斌，北京外国语大学副校长贾文键，哈尔滨工业大学原副校长徐晓飞，教育部高等教育司二级巡视员、时任课程教材与实验室处处长李静；联络员是时任教育部高等教育司课程教材与实验室处副处长刘永强及清华大学在线教育中心主任汪潇潇。高等教育司课程教材与实验室处王繁、竺超今、王栩楠、朱元捷，武汉理工大学向永坤也全程参与报告编写组、保障各项工作和提供相关支持。

起草工作组由杨宗凯及彭刚担任组长，汇聚技术、教育、管理、企业和机关行政等方面的专家，参与起草工作的专家包括：教育部教育管理信息中心杨志刚，高等教育出版社韩筠，联合国教科文组织高等教育创新中心李铭、韩蔚，清华大学杨斌，北京外国语大学贾文键，哈尔滨工业大学徐晓飞，中国教育科学研究院王烽，教育部教育管理信息中心熊建辉、张力玮、苏福根、屈冬，国家教育行政学院陈正，高等教育出版社董建波，联合国教科文组织高等教育创新中心冯思圆，北京大学孙华、汪琼、李晓明，清华大学孙茂松、于歆杰、李曼丽、史静寰、文雯、王帅国，北京理工大学董宏建、嵩天，北京师范大学刘宝存、黄荣怀、孙进、袁莉、曾海军、庄榕霞，哈尔滨工业大学（威海）张策，复旦大学王飞飞，华东师范大学顾小清、A.Y.M. Atiquil Islam，浙江大学刘淑华，厦门大学别敦荣、刘振天、郭建鹏、谭绍滨、郭一蓉、梁薇，北京交通大学房海蓉、张华、邓涛，东北师范大学饶从满、张海、梁荣华、索丰，江南大学王文礼、马志强，华中师范大学吴砥、吴龙凯、卢春，华南师范大学焦建利、胡小勇、马早明、张月琦、陈晓菲，西南大学罗江华、刘明，上海师范大学胡国勇、丁笑炯、卞翠、俞可、宋佳、徐瑾劼，江苏师范大学王运武，浙江师范大学万秀兰、张玉婷，杭州师范大学杨俊锋，赣南科技学院何洁，山东财经大学姜晓笛，广东外语外贸大学熊涛、张海虹、吴凡、郑春生、吕继群。报告的推出离不开他们的辛勤付出，在此对他们表示衷心感谢。

同时，联合国教科文组织高等教育创新中心邵银娟、苏睿，北京大学洪星星、于青青、冯雪松，清华大学徐燊、何乃昕、郭双双、张忠轩、宁潇贤、龚超、张德霞、赵慧欣、曹若琪、孟雅琴、吴雨桐、舒宜彬，北京理工大学谢馨仪、吴杨、徐萌、吴超、李敏娜，北京师范大学秦肇鸿、岑宇、荀鸣瀚、李至晟、尤陆颖、康云菲、王贺、商润泽、吕宁、戴子惠、李紫璠，华东师范大学李世瑾、卢琳萌，浙江大学卢可、胡晶、孙嘉怡，厦门大学黄依梵、杨梓、余婧然、徐冰娜、陈春平、杜冰，北京交通大学岳冶、张瑜、陈丽、孟徐菁华，首都师范大学陈浩、张梦琦，东北师范大学许佳，上海财经大学彭越，华中师范大学尉小荣、徐建、饶景阳、杨微、刘姚慧卓，华南师范大学尹雅丽、周德青、崔冠利、黄星云，西南大学王静贤，北京第二外国语学院秦毛毛，北京语言大学刘敏、万阳卓，杭州师范大学王旭燕、朱文娟、孙丹、肖军、林如意、褚娟、施高俊，上海市教育科学研究院王中奎也深度参与了报告的资料收集、整理、编写与联络工作，在此一并致谢。

报告“数字化发展指数”部分的英文版内容由北京外国语大学李莉文、李长栓、孟晖、陈可、尹珺、刘宇波、朱悦平、王苏阳、曾佳宁、张潆洁、谭慧敏、任扬、叶如帆、王云炜、窦茹苑等专家进行翻译。

高等教育的数字化转型可以促进人的全面发展乃至社会的进步，服务构建人类命运共同体，是大势所趋、势在必行，希望本报告能够为世界高等教育数字化战略行动的开展提供借鉴。最后，再次对给予本报告帮助、支持的单位和专家学者表示衷心感谢！

世界慕课与在线教育联盟秘书处
2023 年 2 月

读者意见反馈

为收集对本书的意见建议，进一步完善本书编写并做好服务工作，读者可将本书的意见建议通过如下渠道反馈至我社。

咨询电话　400-810-0598

反馈邮箱　gjdzfwb@pub.hep.cn

通信地址　北京市朝阳区惠新东街 4 号富盛大厦 1 座

高等教育出版社总编辑办公室

邮政编码　100029